굿모닝

인문학

굿모닝
인문학

초판 1쇄 인쇄 2022년 4월 11일
초판 1쇄 발행 2022년 4월 20일

지은이 | 공형조
펴낸이 | 김의수
펴낸곳 | 레몬북스(제396-2011-000158호)
주 소 | 경기도 고양시 덕양구 삼원로73 고양원흥 한일 윈스타 1406호
전 화 | 070-8886-8767
팩 스 | (031) 990-6890
이메일 | kus7777@hanmail.net

ISBN 979-11-91107-23-4 (03320)

굿모닝 인문학

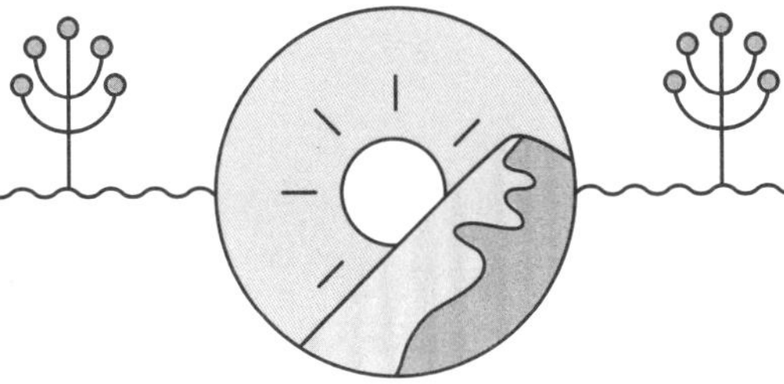

매일 아침 ◦ 생각의 문을 열어 주는 ◦ 상쾌한 문장들

공형조 지음

레몬북스
lemon books

GOOD MORNING HUMANITIES

책은 가장 조용하고
변함없는 벗이다.
책은 가장 쉽게 다가갈 수 있고
가장 현명한 상담자이자,
가장 인내심 있는 교사이다.

_찰스 W. 엘리엇

저는 원래 책 읽기를 싫어하는 사람이었습니다. 다니던 직장을 그만두고 새롭게 시작한 일들이 어려움에 닥치면서 삶이 힘들어졌습니다. 힘든 삶을 이겨나가기 위해 책을 읽기 시작했습니다. 처음에는 한 권 읽기도 쉽지 않았습니다. 그래서 적지 않은 비용을 들여 독서 컨설팅을 받았습니다. 뭐 별거 있겠냐는 생각으로 받기 시작한 독서 컨설팅은 제게 독서에 대한 재미를 선물했습니다. 그때부터 제 책 읽기는 엄청난 폭발력으로 성장했습니다.

그런데 책을 읽던 어느 순간 '내 생각이 과연 내 생각일까'라는 의구심이 들었습니다. 그래서 내 생각을 정리하기 시작했습니다. 정리된 생각을 질문의 형식을 빌려 매일 아침 '공선생의 굿모닝 북모닝'이라는 이름으로 단톡방과 SNS에 연재하게 되었습니다. SNS 친구 수로만 따지면 수천 명에게 노출된 글입니다.

이제 이 글을 책으로 엮는 이유는 함께 생각하는 시간을 갖고 싶어서입니다. 조금은 거칠었던 내용을 다듬었습니다. 사유하고 성찰할 때 인간은 깨어 있는 존재입니다. 생각하는 대로 살아가는 것이 고유명사로 살아가는 것입니다. 사는 대로 생각하는 건 나를 잃어버린 삶이요, 줄지어 행진하는 군중의 일부로 살아가는 것 이상이 될 수 없습니다. 최진석 교수가 이야기한 '고유명사'로 살아가는 삶을 동경합니다. 고

유명사로 살기 위해 필요한 것은 질문입니다. 나를 향한 내적 질문이 우선되어야 합니다. 그래야 남에게 질문할 수 있습니다.

'해적이 사랑한 인문학'이라는 독서모임은 매일 아침 '굿모닝 북모닝'을 연재하는 데 많은 영감을 주었습니다. 독서모임 이름을 '해적이 사랑한 인문학'으로 정한 이유는 '해적'의 자유분방함과 '인문학'의 성찰을 접목하고자 하는 의도에서였습니다. 기존의 틀을 거부하고 규범과 인습에서 벗어나고자 하는 목적이었습니다. 미지의 보물을 찾아 항해하는 해적의 도전 정신이 인문학이라는 '성찰'의 바다를 만났을 때 나와 세상을 바꿀 수 있는 시너지가 발생하리라 생각했습니다.

매일 아침 '굿모닝 북모닝'을 써가는 마음도 똑같습니다. 사는 대로 생각하는 것이 아니라 생각하는 대로 살아가는 하루를 보내고자 하는 마음이 컸습니다. 똑같은 일상을 반복하는 것은 사는 대로 생각하는 것입니다. 하지만 생각하는 대로 사는 것은 그 일상에서 벗어나 새로운 하루를 창조합니다. 사유와 성찰의 바다를 향해 떠나는 여행입니다. 매일 책을 읽고 책에서 얻게 되는 질문을 통해 더 풍요롭고 의미 있는 하루를 보낼 수 있다면 그보다 더 좋은 일이 어디 있겠습니까? 이제 나를 깨워주는 질문들을 찾아 여행을 떠나보실까요?

이 책은 순서대로 읽을 필요가 없습니다. 오늘의 아침은 그날의 아침이 될 수 있고 그날의 아침은 오늘의 아침이 될 수 있기 때문이죠. 아무 페이지나 펼쳐 읽고 오늘 생각하고 사유하면 되는 책입니다.

매일 아침 글을 쓸 수 있도록 동기부여를 해준 '공선생의 굿모닝 북모닝'의 SNS 독자들에게 감사하며 무엇보다 남편을 응원하고 사랑하는 아내 김은화에게 무한한 감사를 표합니다.

CONTENTS

PART 1

겨울

PART 2

봄

PART 3

여름

PART 4

가을

PART 5

그리고 겨울

PART 6

또다시 봄

PART 1

'당신을 만나기 위해 질문이 필요했구나!'

겨울

001 질문이 필요한 순간

어느새 새해가 시작되었습니다. 지나간 시간이 아쉽다는 생각을 하다가 이런 질문이 떠올랐어요. '여러분은 시간이 과거를 지나 현재를 거쳐 미래로 향한다고 생각하시나요? 아니면 과거와 미래는 없고 오직 현재만 존재한다고 생각하시나요?' 여러분의 생각이 궁금합니다.

질문을 던지고 나니 질문에 대한 시구가 떠오릅니다. 박영준의 『다시, 묻다』라는 시집에 있는 「질문이 필요한 순간」이라는 시를 읽다가 납모나 번서 낭신이 다가왔다며, 당신을 만나기 위해 질문이 필요했다는 부분을 읽으며 무릎을 쳤습니다.

진정 상대방을 만나기 위해서는 질문이 필요합니다. 하지만 우리는 질문보다는 내 말을 먼저 쏟아냅니다. 나를 드러내기 위함입니다. 고민을 들어준다고 만난 자리에서도 내 말이 앞섭니다. 결국 상대방은 입을 닫습니다. 자신의 말을 들어주지 않기 때문입니다. 그저 질문에 머물 필요가 있습니다. 내가 말하고 싶은 공간을 비우고 기다리면 그 자리에 '당신'이 들어섭니다. 따로 답이 필요 없습니다. 그 자체로 답을 들은 거나 마찬가지입니다.

또한 질문은 나를 발견할 수 있게 합니다. 나를 상대방으로 놓고 질문해 보세요. 무엇이든 상관없습니다. '넌 너를 사랑하니?', '넌 오늘 행복하지?' 나에게 질문을 하고 가만히 기다려보세요. 답보다 먼저 '당신'이 찾아오듯이 답보다 먼저 '내가' 나를 찾아올 거예요.

저도 질문하는 자가 되고자 하는데 쉽지는 않습니다. 계속 노력해야지요. 답보다는 질문을 먼저 하시는 하루 보내시기 바랍니다.

오늘도 책을 통해 기적을 경험하세요. 아자!!!

002 고독이란

오늘의 질문

여러분은 인간의 고독에 대해서 어떻게 생각하시나요?

고독과 외로움!

언젠가 두 단어의 차이에 대해 이야기한 적이 있습니다. '고독은 나 스스로 타인으로부터 배제되는 것이고, 외로움은 타인에 의해 배제되는 것이다'라고 정의했었습니다. 마치 고독을 아는 듯 우쭐댔습니다. 고독하다고 하면 왠지 멋있어 보이잖아요. 하지만 아직 고독과 친하지 못합니다. 외로움이라는 감정이 먼저 올라와 고독으로 가는 여정을 방해합니다. 아직 내면을 바라보는 시선이 충분하지 못하기 때문입니다.

『우리는 고독할 기회가 적기 때문에 외롭다』, 참 제목이 멋집니다. 김규항의 책을 다시 읽습니다. 처음 이 책을 읽었을 때 느꼈던 전율과 감동이 살아납니다. 김규항은 말을 길게 하지 않습니다. 짧고 간결하게, 그렇지만 명확한 어조로 이야기합니다.

'고독하라'고 합니다. '그것도 용맹하게 고독해야 한다'고 합니다. '남이 보는 나는 어떠한가'에 집착하지 말고 '내가 보기에 나는 어떠한가'를 생각하라고 합니다. 우리는 항상 외적 음성에 귀를 기울입니다. 여행 가서도 마찬가지입니다. 내 내면을 돌아보기보다는 멋진 풍경과 맛집 사진을 인스타에 올리며 남들이 누르는 '좋아요' 숫자에서 위로를 받습니다. 일상을 보내는 일도 외적 음성의 풍성함을 위해 포장하고 색칠합니다. SNS에 비춰지는 우리의 일상은 모두 풍요롭고 행복합니다. 그러나 그 내면은 외롭습니다. 외적 음성을 듣기에 급급해 내적 음성을 듣지 못하기 때문입니다. 그래서 찰리 채플린은 말했습니다. '인생은 가까이서 보면 비극이고 멀리서 보면 희극'이라고.

밖으로 향하는 시선을 안으로 향해야겠습니다. 나와의 대화도 충분히 나누지 못하는데 어떻게 남과 대화를 할 수 있겠습니까. 더 고독해져야겠습니다. 내적 음성과의 대화에 더 치중해야겠습니다. 그러기 위해서는 끊임없이 나 자신에게 질문해야 합니다. '넌 어떻게 살고 있니? 너는 누구니? 지금 이렇게 살아도 부끄럽지 않니?'

오늘 고독할 준비 되셨나요?

오늘도 책을 통해 기적을 경험하세요. 아자!!!

003 아침 10분이 인생을 바꾼다

여러분은 아침 시간 10분의 생각이 인생을 바꿀 수 있다고 생각하시나요? 저는 반복적인 일상 속에서도 내 삶의 방향을 고민하고 사유하는 시간이 반드시 필요하다고 생각합니다. 특히 하루를 시작하는 아침 시간에 말이죠. 아침 시간은 무척 바쁩니다. 직장인도 그렇고 주부도 마찬가지입니다. 출근 준비를 하고 가족들 아침을 준비하느라 정신없이 시간이 갑니다. 10분씩이나 앉아서 생각할 틈이 없습니다. 시간이 없습니다. 그런데 정말 시간이 없는 걸까요?

시간은 내가 만들기 나름입니다. 시간이 없다는 핑계는 그만큼 내가 노력을 하지 않고 있다는 증거입니다. 딱 10분만 먼저 일어나서 하루를 준비해 보세요. 하루가 훨씬 풍요롭게 느껴집니다. 저는 매일 아침 책을 읽습니다. 정말 시간이 없으면 10분이라도 책을 봅니다. 책을 읽으며 떠오르는 생각을 정리합니다. 그리고 하루를 시작합니다. 새롭고 위대한 것은 변화하려고 적극적으로 움직이는 사람들에게서 나왔다고 합니다. 그것은 곧 진화이고, 시장 좌판의 생선이 아니라 큰 바다를 헤치는 펄떡거리는 물고기로 살아가는 것이라고 합니다.

지금 읽고 있는 책은 최진석 교수의 『탁월한 사유의 시선』입니다. 왜 진작 이 책을 읽지 않았나 하는 생각이 들 정도로 몰입해서 읽고 있습니다. 저자는 철학은 학문의 범주 안에서 존재하는 학자들의 전유물이 아니라 직접 세계를 사유하는 것이라고 이야기합니다. 자신의 구체적인 삶의 현장을 철학으로 녹여내야 한다는 것이죠. 서양에서 수입된 철학에 매몰되어 사유를 위한 사유를 하는 철학이 아니라 나와 세계가 발전할 수 있는 생동감 있는 사유를 하는 철학이 필요하다는 거죠. 미디어나 제도권에 의해 프로그램화된 생각을 내 생각으로 착각하며 살아가는 많은 사람에게 경종을 울리는 내용이라고 생각합니다. 천천히 곱씹으면서 읽어야 할 책입니다.

철학은 사유입니다. 철학은 밝게 빛나는 겁니다. 철학(哲學)은 밝을 철(哲) 자를 씁니다. 나를 밝히고 세상을 밝히는 학문이 철학입니다. 나와 세상을 밝히려면 내가 눈을 뜨고 펄떡거려야 합니다. 시장 좌판에 누워 있는 생선과 대양을 헤엄치는 다랑어의 힘찬 몸짓을 비교해 보면 내가 어떻게 살아야 하는지 감이 오지 않나요? 지금 나는 시장 좌판에 진열된 생선이 아니라 물길을 헤치는 펄떡거리는 물고기로 살아가고 있는지 돌아봅니다. 그리고 오늘 하루를 그렇게 살아보리라 다짐합니다. 아침 시간 10분이면 내가 밝게 빛나기에 충분합니다.

오늘도 책을 통해 기적을 경험하세요. 아자!!!

004 당장 내일 죽는다면

만약 당장 내일 죽는다면 오늘 꼭 하고 싶은 일은 무엇인가요?

류시화의 『시로 납치하다』 첫 시에서 시인 '드니스 레버토프'는 불완전한 것조차 감출 필요가 없는 완전함을 꿈꾸고 있습니다. 꽃을 피워 완전함을 이루고 싶은 것이지요. '불완전한 것조차 감추지 않는' 경지는 어떤 것일까 생각해 봅니다. 분명 물질적인 완전함은 아닐 겁니다. 그러면 영적인 완성을 의미하는 것일까요? 그렇다면 완전함이란 무엇일까요? 문득 완전함은 놓아버리는 것이라는 생각이 듭니다. 불완전한 것조차 감추지 않는다는 것은 집착을 버렸다는 이야기입니다. 완전하게 보이려는 집착을 버리고 불완전함을 인정할 때 비로소 완전해지는 겁니다.

죽음도 마찬가지입니다. 삶에 대한 집착은 죽음을 두려운 존재로 만듭니다. 인간은 태어나자마자 죽음을 향해 갑니다. 어쩔 수 없는 숙명입니다. 그런데 우리는 영원히 죽지 않을 것처럼 행동합니다. 그래서 '죽음'을 바라보는 시선이 두렵습니다. 인정하기 싫은 거지요. 삶과 죽음은 대척점에 있지 않고 공존합니다. 죽음이 없다면 삶도 없습니다.

죽음을 인정하면 죽음이 두렵지 않습니다. 오히려 오늘을 더 충실하게 살 원동력이 됩니다.

한때 '독서는 동사다'라는 문구를 지속적으로 노출한 적이 있습니다. 제가 생각하는 독서는 명사가 아니라 동사였기 때문입니다. 독서도 '동사'로 작동할 때 창의력과 창조의 힘을 발휘한다고 생각했거든요. 삶도 마찬가지입니다. 내 고유의 정체성을 가지고 살아가되 삶 자체는 동사이어야 합니다. 멈춰 있지 않고 지속적으로 움직여야 합니다. 내일 당장 죽을 수도 있다고 인정하면 오늘 움직이지 않을 수 없습니다. 삶이 동사가 될 때 삶은 창조적으로 변합니다.

내가 맞이한 오늘은 누군가가 간절히 바라던 내일이라고 합니다. 기적 같은 오늘을 선물 받은 당신이 오늘 꼭 하고 싶은 일은 무엇인가요?

오늘도 책을 통해 기적을 경험하세요. 아자!!!

005 사랑해! 언제 말하는가

최근에 '사랑해'라고 말한 적이 있으신가요? 있다면 언제쯤 누구에게 하셨나요? 없다면 왜 못 하셨나요?

류시화의 『시로 납치하다』 중 '이반 볼랜드'의 「격리」라는 시를 꼭 읽어보시기 바랍니다. 사랑하는 여인의 두 발을 가슴뼈에 대고 죽어간, 가슴 아픈 연인의 사랑 이야기가 있습니다.

800년 동안 영국의 식민 지배를 받으면서 온갖 수탈을 당하던 아일랜드에 대기근이 닥쳐 240만 명이 굶어 죽거나 난민이 되는 사건이 발생했을 때의 이야기입니다. 그해 겨울에 한 연인이 먹을 것을 찾아 헤매다가 굶주림과 추위에 지쳐 결국 죽게 됩니다. 죽는 순간에 남자는 여자의 언 몸을 녹여주기 위해 자신의 가슴에 그녀의 차가운 발을 가져다 댑니다. 마지막 그녀에게 주는 선물이지요. 이 연인은 실존 인물이라고 합니다. 역사적 사실과 시대의 아픔, 그리고 그 연인의 처절하고도 아픈 사랑을 시인은 담담하게 적고 있습니다. 어떻게 보면 무미건조해 보이는 이 시가 사람의 마음을 너무도 아프게 합니다. 시를 읽으며 눈시울이 붉어집니다.

'사랑'이란 무엇인가요? 도대체 무엇이기에 이토록 사람을 아프게 하는 걸까요? 표준국어대사전을 찾아봤더니 이런 답을 내놓네요.

사랑

1. 어떤 사람이나 존재를 몹시 아끼고 귀중히 여기는 마음. 또는 그런 일.
2. 어떤 사물이나 대상을 아끼고 소중히 여기거나 즐기는 마음. 또는 그런 일.
3. 남을 이해하고 돕는 마음. 또는 그런 일.
4. 남녀 간에 그리워하거나 좋아하는 마음. 또는 그런 일.
5. 성적인 매력에 이끌리는 마음. 또는 그런 일.
6. 열렬히 좋아하는 대상.

이렇게 보니 '사랑'이 명확해지는 것 같은데 그렇지도 않습니다. 어원을 찾아봤습니다. 다양한 학설이 있는데 하나로 통일되지는 못했습니다. '사랑(思量)'이라는 한자어를 읽어 생긴 말이라는 설도 있고, '살다'와 '사르다'의 명사형이라는 설도 있습니다. '사랑'은 '생각으로 헤아린다'는 뜻입니다. 마음을 이해하고 헤아려 준다는 거죠. '살다'의 명사형으로 이해하면 '사는 것이 사랑'입니다. '사르다'의 명사형으로 이해한다면 '불꽃처럼 불타오르는 마음의 표현'으로 이해할 수 있겠네요. 정설이 뭔지는 모르겠습니다. 혹시 아시는 분은 알려주세요. 아무튼 사랑을 정의하기가 쉽지 않습니다. 사전과 어원에서 나타내는 표현이 '사랑'을 다 담고 있다고 생각하지 않거든요. 『사람은 무엇으로 사는가』에서 톨스토이는 인간의 내부에는 사랑이 있다고 했습니다. 하나님이 그렇게 만들어 놓으신 거죠. 그래서 사람은 사랑으로 살아가는 거라고 말입니다. '사람'과 '사랑'이 닮은꼴인 이유가 있습니다.

내 안에도 '사랑'이 있습니다. 사랑이 없다고 느끼는 사람은 내 안의 사랑을 찾지 못한 사람입니다. 그럼 내 안의 사랑을 어떻게 찾을 수 있을까요? 제 생각으로는 남을 우선하는 마음을 갖는 겁니다. 내가 우선이 되면 남을 보지 못합니다. 남이 뭐라고 하는지 들리지도 않습니다. 마음을 열고 귀를 기울여야 들립니다. 마음은 언제 열릴까요? 나를 충분히 사랑할 때 열립니다. 참 아이러니하죠? 남을 우선하는 게 사랑인데 나를 먼저 사랑해야 그 마음이 열린다니. 나를 사랑해야 나를 믿고 내려놓을 수 있습니다. 그 후에 남이 보이는 거죠. 그렇지 않으면 '나'에 가려 '남'이 보이지 않습니다. 제가 그랬습니다. '남'을 보지 못했습니다. '나'를 보기에 급급했습니다. 나를 사랑하지 않았고 나를 믿지 못했기 때문입니다. 아직 나를 채워가는 중입니다. 완전하게 나를 채우는 날이 더디 올지라도 하나씩 채워가며 나를 비우고 있습니다. 더 많이 채우고, 더 많이 비운 어느 날 '사랑'의 의미를 깨닫게 되겠지요.

'사랑'은 말로 표현해야 비로소 생명력을 얻는 단어라는 생각이 듭니다. 혹시나 그동안 쑥스러워 표현을 못 하셨다면 오늘 한번 해보세요. '사랑해!'라고 말이죠.

오늘도 책을 통해 기적을 경험하세요. 아자!!!

GOOD MORNING HUMANITIES

사랑이란
서로 마주 보는 것이 아니라
둘이서 똑같은 방향을
내다보는 것이라고
인생은 우리에게
가르쳐 주었다.

_생텍쥐페리

006 인생에서 이루고 싶은 것

오늘의 질문

여러분은 인생에서 궁극적으로 이루고 싶은 게 무엇인가요?

제가 운영하는 독서모임에서 반복적으로 되묻는 질문입니다. 꿈이라고 표현할 수도 있고, 목표라고 표현할 수도 있고, 영화 「기생충」에서 이야기하는 '계획'일 수도 있겠네요.

제가 궁극적으로 이루고 싶은 꿈은 '인문대학'을 만드는 것입니다. '세인트존스대학'처럼 인문고전만 읽고 졸업할 수 있는 그런 학교 말이죠. 영화 「기생충」에서 송강호 배우가 이런 이야기를 합니다. '가장 좋은 계획은 무계획'이라구요. 무계획은 실패할 염려가 없으니까요. 송강호 배우의 말처럼 세상은 계획대로 흘러가지 않는 경우가 많습니다. 그렇다고 마냥 흘러가는 대로 살 수는 없습니다. 최소한 어디로 향하겠다는 방향 설정은 되어 있어야 길을 잃어도 다시 찾아갈 수 있습니다.

토니 로빈스의 『네 안에 잠든 거인을 깨워라』라는 책에서는 지금 당장 변화하기 위한 실천적인 방법으로 다섯 단계를 이야기합니다.

이 다섯 단계는 행동하지 못하고 미뤄왔던 일, 행동하지 않은 이유, 부정적인 패턴, 변화하지 않았을 때 얻게 될 대가, 새로운 행동을 하게 되면 얻게 될 즐거움등을 모두 적어 보는 겁니다.

여기서 공통점은 '적는다'는 겁니다. 일단 적어야 합니다. 생각만 하는 것보다는 내 생각을 더 명확하게 구체화할 수 있으니까요. 내 삶에서 이루고자 하는 궁극적인 무언가를 찾지 못했다면 적어보는 것도 방법입니다. 이렇게 한번 적어보면 어떨까요?

첫 번째, 내가 싫어하는 것을 적는다.
두 번째, 내가 좋아하는 것을 적는다.
세 번째, 지금 하는 일이 무엇인지 적는다.
네 번째, 무엇을 할 때 행복한지 적는다.
다섯 번째, 내 묘비명을 적는다.

저는 통제받는 것을 싫어합니다. 직장 생활을 할 때는 몰랐습니다. 퇴직하고 나서야 제가 규범과 통제를 싫어한다는 걸 깨달았어요. 좋아하는 것은 예능 프로그램 보기, 요리, 책 읽기 등이 있습니다. 지금 하는 일은 엔젤투자, 스타트업 코파운더, 독서토론 진행 등 다양합니다. 좋아하는 것과 지금 하는 일의 리스트를 보면서 과연 나는 무엇을 할 때 행복한지 적어봅니다. 곰곰이 생각해 보니 책을 읽고 토론할 때 가장 행복합니다.

'지적 유희'라는 말을 들어보셨는지요? 쉽게 이야기하면 지적으로 논다는 겁니다. 공부하는 것이나 배우는 것 자체에서 재미를 느끼는 걸 말합니다. 독서토론을 마치고 나면 저는 '지적 유희'를 느낍니다. 아무리 힘든 일이 있었더라도 책을 읽고 토론을 하고 나면 즐거움이 솟아납니다. 언제 힘들었냐는 듯이 기쁨이 몸을 감쌉니다. 같이 독서토론을 하는 사람들에게 제 이런 느낌을 말했습니다. 그랬더니 대부분 비슷한 감정을 느낀다고 하시더라고요. 오늘도 시간을 헛되이 보내지 않았다는 뿌듯함도 있다면서 말이죠. 책을 읽고 토론하는 것이 이처럼 즐거운 마법을 부리는 겁니다. 그래서 제 묘비명에는 이렇게 남기고 싶습니다.

'읽고 토론하며 즐겁게 살다 갑니다!'

여러분은 어느 방향으로 걸어가고 계시는지 궁금합니다.

오늘은 책 읽는다는 사람은 다 아는 '북금'입니다. 저녁 시간에 조용히 앉아 내 생각을 적어보는 시간을 가져보는 건 어떠신가요?

오늘도 책을 통해 기적을 경험하세요. 아자!!!

007 10년 뒤 내 인생

오늘의 질문

나는 앞으로 10년 동안 어떻게 살아갈 것인가?

지금으로부터 10년 전 나를 떠올려 보세요. 그때는 무엇을 하고 계셨나요? 그리고 10년 전 그날, 그로부터 10년 뒤인 오늘 내가 이렇게 살고 있을 거라고 생각했었나요? 저는 그렇지 않았어요. 그때는 직장인이었는데 10년쯤 뒤에는 임원이 되어 있을지도 모른다는 상상을 했었고, 퇴직하면 무엇을 해야 할지 막막하기도 했어요. 지금 하는 일을 하리라고는 생각지도 못했었죠. 여러분은 어떠신가요?

그런 다음 지금부터 10년 뒤에 나는 어디에 있을 것 같은지 상상해 보세요. 나는 10년 뒤에 어떤 모습일까요? 그리고 10년 뒤의 내 모습을 위해 지금 나는 무엇을 하고 있는지 생각해 보세요. 지금 이 순간 말이죠.

최진석의 『탁월한 사유의 시선』에서는 직업은 자기 완성을 위한 역할이며 자신과 직업이 일체를 이루었을 때 자신은 자신으로 살아 있다, 라고 합니다.

직장에 다니는 것과 직업에 종사하는 것은 다릅니다. 내 주체성이 포함되어 있느냐 마느냐에 따라 구분된다고 생각합니다. 저는 과거 20년 넘게 직장에 다녔습니다. 한 번도 내 직업이라는 생각을 해보지 않았어요. 이제야 비로소 내 직업이라고 생각하며 일을 하고 있습니다.

글을 쓰고 토론하며 강의를 합니다. 스타트업 대표들과 만나 사업과 투자에 대한 논의를 합니다. 과거 제 기준으로는 직업이라고 말할 수 없는 일을 하고 있는데도 행복합니다. 늦게서야 주체적인 삶이 어떤 건지 알게 된 거죠. 하지만 늦지 않았다고 생각합니다. 앞으로 남은 시간이 더 많으니까요. 이렇게 10년을 살다 보면 분명 10년 뒤에는 결실을 맺을 겁니다. 지금 행복하게 일을 하고 있으신가요? 여러분은 '직장'에 다니시나요? 아니면 '직업'이라고 생각하며 일을 하시나요?

『2062』라는 책에서는 AI가 우리의 세상을 극적으로 바꿔놓을 것이라고 이야기합니다. 그 시기가 2045년이 될지 2062년이 될지는 모르지만요. 이때는 '직업'이라는 개념이 지금 우리가 생각하는 것과는 많이 달라져 있을 겁니다. 이미 개념 변화가 시작되고 있다고 해도 과언이 아니죠. 과거 제가 직업을 구할 때는 '직장'을 구한다는 생각이 강했는데 지금은 '직업'을 구한다는 개념이 더 강한 것 같습니다. '직장이 나를 책임져 줄 수 있다'는 생각이 이미 빛바랜 현실에서 나를 지킬 수 있는 것은 내가 원하는 '직업'을 갖는 것이겠지요.

요즘 아이들에게 장래의 꿈을 물어보면 거침없이 '유튜버'라고 이야기하는 것도 같은 맥락이라는 생각이 듭니다. 어찌 보면 나약하고 어려 보이는 지금의 세대들이 저희 세대들보다 더 주체적인 삶을 살아가는 것 같아요. 제가 직업을 구할 때와 비교해 보면 지금은 훨씬 선택지가 넓어졌다는 생각이 듭니다. 과거에는 '직업'이라고 이야기하기도 힘들었던, 또는 어른들에게 배척당하기도 했던 직업들이 인기를 얻고 각광받는 것을 보면 말이죠. 물론 이 선택지도 바라보는 시각의 넓이에 따라 달리 보이기도 하겠지만요.

『2062』에서 말하는 그때의 세상을 내가 원하는 대로 만들고 싶다면 지금 나를 어떻게 변화시켜 나갈지 사유해야 할 필요가 있다고 생각합니다. 멀리까지 내다보지 않더라도 10년 뒤의 내 모습을 떠올리는 것만으로도 오늘을 어떻게 살아야 할지 답을 찾을 수 있습니다. 결국 내 미래는 내가 만들어갈 테니까요.

오늘도 책을 통해 기적을 경험하세요. 아자!!!

008 먹고산다는 것의 의미

제가 운영하던 '해적이 사랑한 인문학'이라는 독서토론에서는 두 권의 책을 읽고 2주에 한 번 모여 토론을 했습니다(지금은 코로나 등의 이유로 중단된 모임입니다). 1주일에 1권의 책을 읽는 셈이었습니다. 1주일에 1권의 책을 읽는 것이 부담되는 분들을 위해 짧은 아침 시간이나마 함께 책을 읽고 생각하는 시간을 가지면 좋겠다는 취지로 '공선생의 굿모닝 북모닝'도 시작하게 되었습니다. 그래서 오늘부터는 그 두 권의 책을 중심으로 질문을 이어가 볼까 합니다. 저와 같이 1주일에 1권의 책을 읽는다는 느낌으로 봐주시면 고맙겠습니다.

오늘부터 2주간 읽게 될 책은 김훈의 『라면을 끓이며』, 전성수의 『부모라면 유대인처럼 하브루타로 교육하라』입니다. 아마도 제 방식대로 두 권의 책을 번갈아 읽게 되지 않을까 생각합니다. 그중 오늘은 김훈의 『라면을 끓이며』를 읽겠습니다.

오늘의 질문

여러분에게 먹고산다는 것의 의미는 무엇인가요?

김훈은 책에는 '먹고산다는 것의 안쪽을 들여다보는 비애'라는 표현이 있습니다. 치열하게 살아야 하는 서민을 염두에 둔 말일 것이고 본인의 삶을 표현한 말일 것입니다. 한 끼를 때워야 하는 이들의 쓸쓸함은 라면 가게에서도 드러납니다. 김훈은 혼자서 김밥이나 라면을 먹으며 한 끼를 떼우는 사람들의 쓸쓸함에서 '먹고사는 것의 비애'를 느낀다고 합니다. 혼자 앉아 있는 나의 쓸쓸함이 내 앞의 사내에게 전가되어 그를 쓸쓸하게 해주었다는 생각에 더 쓸쓸해합니다.

우리나라에 라면이 처음 나온 것은 1963년이라고 하네요. 그때는 이문열이 소설에서 '공손하게 먹었다'라고 표현할 정도로 귀하고 맛난 음식이었답니다. 지금은 국민 음식이자 간식이 되었죠. 저도 가끔 혼자 밥을 먹을 때가 있습니다. 그때는 좀 허전하고 쓸쓸하기도 합니다.

요즘은 혼밥이 유행할 정도라서 혼자 밥을 먹으며 쓸쓸해하는 사람이 많지는 않을 수 있겠지만 김훈은 등이 굽은 채 라면을 먹고 있는 자신의 모습과 마주 앉은 낯선 사내의 모습에서 쓸쓸함을 느꼈나 봅니다. 라면 한 그릇을 먹는 것으로 '먹고사는 것의 비애'까지 이야기한다는 것은 어찌 보면 과장이라고 할 수 있습니다. 이는 라면이 주는 비애가 아니라 자신이 라면을 대하는 태도에서 나오는 비애라고 할 수 있습니다. 자신의 상황과 감정이 라면에 투영되어 나타나는 것이죠.

혼밥도 마찬가지인 것 같습니다. 요즘은 오히려 혼밥을 즐기는 사람이 늘어가는 상황이니 '먹고사는 것'의 문제로 치환하는 것이 어색하기도 합니다. 다만, 혼자 먹는 외로움을 혼밥의 즐거움으로 포장하는 것은 아닌지 돌아볼 일입니다.

아무튼 라면 한 그릇에서 느낀 감정을 이렇게 글로 표현할 수 있는 작가의 감성이 부럽네요.

이 글을 읽고 있으니 라면이 당깁니다. 날도 추운데 점심으로 라면을 먹을지도 모르겠어요.

오늘도 책을 통해 기적을 경험하세요. 아자!!!

009 젊은 아버지

여러분의 '젊은 아버지'는 어떤 분이셨나요? 계속 읽고 있는 『라면을 끓이며』에서 김훈은 '가엾은 내 아들과 같은 젊은 아버지를 안아주고 싶었다'라고 합니다.

문득 얼마 전 운전해서 아버지를 모시고 고향 집에 내려가던 때가 생각났습니다. 그때 처음으로 아버지와 많은 이야기를 했어요. 젊은 시절 아버지의 이야기를 들을 수 있었죠. 학교를 졸업하고 힘들게 선생님이 되신 이야기, 둘째 아들인데도 불구하고 결혼 전부터 집안의 가장 역할을 해야 했던 이야기, 신혼 때까지도 월급날이면 문 앞에 와서 서 계시던 당신의 아버지에게 월급 대부분을 드려야 했던 이야기 등등. 젊은 날부터 지금까지 아버지에게는 '자기'가 없었습니다. 오로지 가족만 있었죠. 그 무게가 얼마나 컸을까? 술의 힘을 빌려 잊어버리고 싶을 만큼 무거우셨을 겁니다. 그래서 암이라는 놈도 찾아왔을 겁니다.

어느새 저도 지금의 저보다 더 젊은 아버지를 안아주고 싶은 나이가 되었습니다. 당신에게 꿈이 있었는지도 모른 채 가족의 생계를 위해 삶의 현장에 뛰어든 아버지, 아버지의 아버지에게 이끌려 얼굴도 몇 번

보지 못한 여인을 아내로 맞이해야 했던 아버지, 결혼해서도 결혼 전의 가족들 생계를 위해 월급 대부분을 당신의 아버지에게 드려야 했던 아버지, 그로 인해 어린 아내의 타박을 견뎌야 했던 아버지, 선생의 박봉으로 가족들을 건사하면서 당신을 위해서는 조금의 사치도 허용하지 않으셨던 아버지, 평생을 바친 선생의 자리에서 은퇴하고 조금 편하게 여생을 즐기려는 때 어머니가 뇌졸중으로 쓰러져서 지금까지도 어머니 간호를 하고 계시는 아버지, 그 모든 것을 '괜찮다'는 한마디로 견디며 자식들에게 폐를 끼치지 않으려는 아버지. 지금도 아버지는 가족을 위해 살고 계십니다.

저도 그 젊은 아버지를 안아주고 싶습니다. 안고 뭔가 말씀드리고 싶다고 생각했는데 아닙니다. 그냥 안아드리고 싶습니다. 그리고 속으로 말하렵니다.

'아버지! 사랑합니다!'

오늘도 책을 통해 기적을 경험하세요. 아자!!!

010 역사가 갖는 의미

오늘의 질문

역사는 우리에게 어떤 의미일까요?

『라면을 끓이며』에서 작가 김훈은 '그림 속의 고구려 바퀴는 아직도 굴러가고 있었다'라며 우리 역사에 대해 안타까운 마음을 토로합니다.

작가가 중국 길림성에 있는 '집안'이라는 지역을 여행하면서 바퀴를 굴리는 남자가 그려진 고구려 벽화를 본 소회를 적은 부분인데 전문을 인용할 수 없으니 독자분들은 꼭 읽어보시기를 추천합니다.

작가는 고구려 유적지가 중국에 의해 '동북공정'의 공략 대상이 되어 있는 모습을 안타까워하고 있습니다. 고구려의 바퀴가 지금도 굴러가기를 소망하는 작가의 염원이 이 부분에 녹아 있다는 생각이 드네요.

한동안 학교에서 역사를 가르치지 않던 시기가 있었습니다. 수능시험의 대상이 아니었기 때문이죠. 지금은 역사를 가르치지만 수능시험 과목 이상의 역할을 하지 못합니다. 바퀴의 바큇살 하나가 빠지더라도 바퀴는 굴러갑니다. 하지만 언젠가는 그 헐거워진 부분으로 인해 바퀴는 부러지고 맙니다. 고구려의 바퀴가 계속 굴러가기 위해서는 부러지고 빠진 바큇살을 수선하고 채워야 합니다. 지금이 그때가 아닐까요?

중국의 동북공정 못지않게 일본의 역사 왜곡도 심각합니다. 그들은 꾸준히 국제사회를 향해 왜곡된 역사를 홍보합니다. 한복과 김치가 자기네 것이라고 우기고 독도를 버젓이 자기 나라 지도에 포함합니다. 국제사회에 미치는 영향력이 클수록 우기는 강도는 더 강해집니다. 국가가 부강해지고 국력이 상대적으로 크다는 자만심이 안하무인격의 억지 주장을 가능하게 합니다. 그들이 자국민에게 행하는 역사 왜곡도 심각한 수준입니다.

왜곡된 역사를 배운 그들의 국민은 국가가 놓은 뽕에 취해 SNS를 향해하며 헛소리를 늘어놓습니다. 자신들이 틀린 말을 하고 있다는 사실도 모른 채 말이죠.

그들과 대항하기 위해서는 국가의 힘을 키우는 것이 필요합니다. 국제사회에서 더 강한 힘을 행사할 수 있는 국력을 갖추는 것이 필수입니다. 이와 아울러 역사를 정확히 아는 것도 필요합니다. 자신들의 입맛에 맞게 역사를 왜곡하며 나불대는 저들과 맞서기 위해서는 정확한 역사 인식과 지식이 필요합니다. 드라마를 통해 각색된 역사를 배울 것이 아니라 교육 현장에서 이루어지는 깊이 있는 역사 교육이 필요한 시점인 것입니다. 역사 과목이 국·영·수에 비해 못할 것이 무엇이란 말입니까?

『조선 상고사』라는 책에서 단재 신채호 선생은 고구려 시대를 포함한 이전의 조선 역사를 찾기 위해 갖은 노력을 합니다. 우리 민족의 근원지라고 생각되는 만주 일대와 고구려의 옛터를 돌아다니며 고증에 필요한 자료를 수집하고 역사서를 씁니다. 그러나 그의 이러한 노력은 연구를 지속하기 위한 재원의 부족과 감옥에서의 요절로 인해 좌절되고 맙니다.

이 책을 읽는 내내 단재 신채호 선생이 더 오래 사시고 연구할 수 있는 충분한 조건이 되었다면 우리 역사가 지금 알려진 것과는 많이 다를 수도 있었겠다는 생각에 아쉬운 마음이 가득했던 기억이 있습니다. 역사를 정확히 알아야 패권주의로 가득해 자국의 이익만을 위해 움직이는 세계정세에서 굳건히 살아남을 힘을 기를 수 있습니다. 우리의 역사를 배울 수 있는 책 한 권 선택해서 읽어보시면 어떨까요?

오늘도 책을 통해 기적을 경험하세요. 아자!!!

011 다르다와 틀리다?

오늘의 질문

여러분은 '다르다'와 '틀리다'를 적절하게 구분하여 사용하시나요?

우리는 문자로는 '다르다'와 '틀리다'를 잘 구분합니다. 그렇지만 대화할 때는 잘못 사용하는 경우가 많습니다. 주로 '다르다'라는 표현을 해야 할 때에 '틀리다'라는 표현을 합니다. 네 생각과 내 생각은 '다르다'가 맞나요? 아니면 '틀리다'가 맞나요? 당연히 '다르다'가 맞지만 '틀리다'라고 쓰는 경우가 허다합니다. '다른 것'을 '틀린 것'으로 받아들이는 사고가 고정되어 무의식중에 언어도 그렇게 표현하는 게 아닐까요?

'다르다'를 영어로 하면 'differ'입니다. 형용사형은 'different'입니다. '틀리다'를 영어로 하면 'be wrong'입니다. 'wrong'은 형용사형입니다. 영어로 하면 확연히 다른 단어입니다. 따라서 영어로 된 표현은 구분을 잘합니다. 그렇지만 말로 표현할 때는 구분을 잘 못하는 것이 현실입니다. 유치원에서부터 영어를 배워서 한국말이 어색해졌기 때문인가요?

예를 들어보겠습니다. "사과와 망고는 틀리다." 이 문장이 맞습니까? 아니죠. "사과와 망고는 다르다."가 맞습니다. 이렇게 명확한데도 우리는 말하는 데서 이런 우를 범하고 있습니다. 한때는 이렇게 말하는 지인들의 말을 고쳐주기도 했습니다. 지금은 그냥 그러려니 합니다. 아무리 고쳐주려고 해도 바뀌지 않더라고요. 습관으로 굳어져서 자신의 말이 틀린지도 모른 채 말을 하고 있어서 바꿔보려는 제 시도는 잔소리에 지나지 않기 때문입니다.

특이한 점은 '다르다'라고 말해야 하는 문장에 '틀리다'라는 표현을 쓰는 경우가 대부분이라는 겁니다. '틀리다'라는 단어를 말해야 하는 문장에는 거의 맞게 표현하거든요. 두 단어의 뜻이 모호하게 느껴져서 잘못 사용하고 있다면 양쪽 모두에서 혼재되어 사용되어야 하는데 말이죠.

'다르다'와 '틀리다'가 하나의 단어인 '틀리다'로 통합되는 느낌입니다. 이는 제가 생각하기에 단어 하나 잘못 쓰는 정도로 치부할 것이 아닙니다. 앞서 이야기했듯이 다름을 인정하지 않는 문화적 풍토에서 나오는 고정관념이기 때문입니다.

상대방의 논쟁이 '나'를 반대한다고 생각하면 '너는 틀렸다'라는 생각이 앞서 상대방을 무시하고 짓누르려 합니다. 하지만 상대방의 논쟁이 '내 생각'에 대해 다른 입장을 표명하는 것이라고 받아들인다면 '너는 나와 다르다'라는 생각이 들어 상대방을 이해하고 받아들일 수 있게 됩니다. 내가 생각하지 못했던 것을 받아들여 내 생각과 융합할 때 더 높은 수준의 사유를 끌어낼 수 있습니다. 다른 것을 수용할 때 창조가 일어납니다.

토론을 통해 서로 질문하고 서로를 받아들여야 하는 이유가 여기에 있습니다. '다르다'와 '틀리다'를 어떻게 사용하고 계시는지 잘 생각해 보시기 바랍니다.

오늘도 책을 통해 기적을 경험하세요. 아자!!!

012 니가 너냐?

오늘의 질문

니가 너냐? 너는 누구냐?

이 질문은 저의 질문이 아닙니다. 최진석 교수의 강의 내용 중 질문을 그대로 옮깁니다. 저는 이 질문을 받고 한동안 멍했습니다. 질문을 받았는데 대답을 할 수 없었기 때문이죠. 그동안 저도 비슷한 질문을 던졌습니다. 하지만 이 질문 하나가 저의 모든 질문을 덮습니다. 내가 누군지, 내가 나인지 알아야 이 삶을 제대로 살아갈 수 있다는 생각에 저는 입을 다뭅니다. 내가 누구인지도 모르면서 어떻게 입을 놀릴 수 있을까요? 그저 들을 수밖에요.

'니가 너냐? 너는 누구냐?'는 질문은 내 정체성에 대한 질문이기도 하고 내 존재에 대한 질문이기도 합니다. 살아온 평생 들었던 질문인데 쉽게 답할 수 없다는 것은 내가 나를 모르고 살고 있다는 증거이기도 합니다. 저는 독서를 '나를 찾아가는 과정'이라고 정의했습니다. 고작 몇 년의 독서로 나를 완전히 찾기란 어려운 일일 것입니다. 오만한 생각이기도 하지요.

오늘은 그냥 이 질문 하나로 마무리하고 싶습니다. 오늘은 이 질문 하나로도 버겁습니다.

오늘도 책을 통해 기적을 경험하세요. 아자!!!

013 인생을 지우고 다시 쓸 수 있다면?

오늘의 질문

만약 내 인생의 한 부분을 지우개로 지우고 다시 쓸 수 있다면
어떻게 하실 건가요?

천천히 곱씹어 읽고 있는 『라면을 끓이며』에서 작가는 지울 수 있다는 희망이 있어서 겨우 글을 쓴다고 고백합니다.

인생은 글쓰기처럼 썼다 지웠다 할 수 없습니다. 하지만 가끔 생각합니다. 과거의 그 순간을 지우고 다시 쓸 수 있다면 얼마나 좋을까. 그러면 지금 내 인생이 달라질 수도 있었을 텐데.

사표 쓴 순간을 지울 수 있다면 아직도 온실의 화초처럼 따뜻한 월급의 햇살을 받으며 포근한 시간을 보내고 있겠지요. 당구장과 술집을 오가던 학창 시절을 지우고 다시 쓴다면 더 멋진 인생을 살고 있을지도 모릅니다.

이런 생각에 빠져 있다가도 그런 후회의 순간들까지 어우러져 지금의 내가 있다는 걸 생각해 보면 꼭 고쳐 쓰는 게 능사는 아니라는 생각

이 들기도 합니다.

다시 마음을 고쳐 잡습니다. 저자가 '지울 수 있다는 희망'으로 글을 쓴다면 저는 '새롭게 쓸 수 있다는 희망'으로 하루를 살리라 생각합니다. 지나온 페이지를 지울 수 없다면 지금 마주하고 있는 백지에 새롭게 쓰는 것이 더 현실적이기 때문입니다.

현재의 페이지를 충실하게 써서 채웠더라도 미래의 언젠가 뒤를 돌아봤을 때는 지우고 싶은 부분이 있겠지요. 그래도 지우고 싶은 부분까지도 사랑하려 합니다. 그것이 인생이고 삶이기 때문이지요. 물론 작가의 글을 곡해하고자 하는 것은 아닙니다. 작가가 쓴 문장을 보며 잠시 생각에 잠겼던 제 사유의 결과물일 뿐입니다.

오늘도 책을 통해 기적을 경험하세요. 아자!!!

014 왜 책을 읽으시나요?

오늘의 질문

여러분은 왜 책을 읽으시나요?

독서를 사랑하시는 여러분의 생각이 궁금합니다.

저는 왜 책을 읽냐고요? 저는 나를 찾기 위해 책을 읽습니다. 숨겨진 나를 찾기 위해서요.

『부모라면 유대인처럼 하브루타로 교육하라』에서는 '더 많은 질문, 더 좋은 질문'을 하기 위해서 책을 읽는 것이라고 합니다.

책은 지식을 쌓는 도구라고 생각하며 읽었습니다. 그랬더니 내 생각은 없고 남의 생각만 가득 찼습니다. 당황스러웠습니다. 책에 담겨 있는 지식이 내 것이 되어 내 사유의 폭을 넓혀줄 것이라고 생각했는데 그렇지 않았습니다.

왜 그럴까? 고민했습니다. 답이 나왔습니다. 그동안 제 책 읽기는 질문이 없었습니다. 그냥 받아들이기만 한 거죠. 질문 없이 받아들인 지식은 제 것이 아니었습니다. 제 지혜도 아니었습니다. 남의 옷을 입고 내 옷인 양 우쭐댔습니다.

이 사실을 알고 얼마나 부끄럽던지요. 거만한 눈으로 현학적 지식을 뽐내던 저의 모습을 알고도 모른 척 눈감아 준 SNS 친구들이나 주변 분들을 쳐다보기가 민망할 정도였습니다.

이제는 의도적으로 스스로에게 질문하며 책을 읽습니다. 혼잣말로 작가와 대화도 합니다. 그리고 모여서 토론합니다. 아직은 일천하나 조금씩 시선의 폭이 넓어지는 것을 느낍니다. 아마도 이것이 살아 있는 독서가 아닌가 생각합니다. 신영복 선생이 이야기했던 서삼독(書三讀)의 의미를 이제서야 조금씩 깨달아갑니다. 그래서 독서가 즐겁습니다.

북금(저는 불금을 북금이라고 부릅니다)엔 책이죠? 코로나 때문에 외출이 두려운 시기입니다. 오늘과 주말 차분하게 책과 함께하시면서 건강에 유의하시기 바랍니다.

오늘도 책을 통해 기적을 경험하세요. 아자!!!

GOOD MORNING HUMANITIES

사귀는 친구만큼
읽는 책에도 주의하라.
습관과 성격은 전자만큼이나
후자에게서도 영향을
받을 것이기 때문이다.

_팩스튼 후드

PART 2

'바로 가는 먼 길, 돌아가는 지름길.'

봄

015 돌아가는 지름길?

오늘의 질문

돌아가는 지름길이란 어떤 경우를 말하는 것일까요?

『부모라면 유대인처럼 하브루타로 교육하라』에는 '바로 가는 먼 길, 돌아가는 지름길'에 대한 이야기가 나옵니다.

한 나그네가 도시로 가는 길을 물었는데 노인은 돌아서 가지만 지름길이 있고 바로 가지만 먼 길이 있다고 안내합니다. 당연히 나그네는 똑바로 쭉 뻗은 것처럼 보이는 바로 가는 길을 알려달라고 합니다. 하지만 그 길은 돌아가는 것처럼 보이는 지름길보다 시간이 더 오래 걸리는 길이었습니다. 둘러 가는 것 같지만 지름길은 따로 있었던 것입니다.

'바로 가는 먼 길, 돌아가는 지름길.'

모순된 말이 아닐 수 없습니다. '바로 가는 지름길, 돌아가는 먼 길'이 맞지 않나요? 하지만 곰곰이 생각해 보면 틀린 말이 아닙니다. 정답만을 찾아서 가는 길은 바로 가는 길로 보이지만 먼 길입니다. 질문하고 토론하며 해답을 찾아가는 길은 돌아가는 것 같지만 지름길입니다. 우리는 길이 보인다고 생각하는 순간 무턱대고 발부터 옮깁니다. 특히나 지름길이라고 생각하면 마음만 바빠 곧바로 무찔러 지나려고 합니다. 단숨에 고지에 올라 승리감에 도취해 만세를 부르려고 합니다. 하지만 가시덩굴에 찢기고 돌부리에 걸려 넘어지면서 시간을 허비하는 경우가 많습니다. 그럴수록 마음은 급해져 무리수를 둡니다. 그러다가 발목이 삐는 사고로 아주 늦어지기도 합니다. 오히려 돌아가는 길이 훨씬 쉬운 길일 수도 있습니다.

평탄한 길이 계속 이어지기도 하고 조력자가 나타나기도 합니다. 함께 가자며 어깨동무를 하는 친구도 만날 수 있습니다. 운이 좋으면 지나가는 차를 얻어 타기도 합니다. 지름길로 간 사람보다 더 편하고 안전하게 정상에 오를 수도 있습니다. '돌아가는 지름길'에 대한 적정한 비유가 아닌 것 같긴 하지만 저는 이렇게 이해합니다.

링컨은 나무를 베는 데 6시간이 주어진다면 도끼를 가는 데 4시간을 먼저 쓸 것이라고 이야기했습니다. 도끼를 가는 4시간이 우리를 날카롭게 합니다. 그래서 거대한 나무도 단숨에 벨 수 있는 창의성을 발휘하게 합니다.

도끼의 날도 살펴보지 않고 무턱대고 6시간 동안 나무를 베었다고 생각해 봅시다. 나무를 베는 사람은 혼신을 다해 도끼질을 합니다. 6시간 내내 도끼질을 했지만 나무는 넘어갈 기미가 보이지 않습니다. 한시도 지체하지 않고 도끼질을 했는데 4시간 동안 도끼를 갈기만 했던 사람이 먼저 나무를 벱니다. 허탈하기 그지없습니다.

어느 길이 진짜 빨리 가는 길일까요? '돌아가는 지름길'이 이루고자 하는 바를 더 쉽게 달성할 수 있는 길입니다. 여러분은 '바로 가는 먼 길'을 택해서 가는 중이신가요? '돌아가는 지름길'을 택해서 가는 중이신가요? 저도 자문하며 저를 돌아봅니다.

어느덧 3월입니다. 어김없이 봄은 우리에게 찾아옵니다. 봄바람처럼 서로 어루만져 주며 이 어려운 시기를 슬기롭게 이겨나가야겠습니다.

오늘도 책을 통해 기적을 경험하세요. 아자!!!

016 헌법을 발견하다?

오늘부터 2주간 읽을 책은 플라톤의 『소크라테스의 변명』과 박홍순의 『헌법의 발견』입니다. 두 권의 책을 번갈아 읽습니다. 두 권 모두 쉽지 않은 책이라서 시간을 많이 할애해야 할 것 같습니다.

오늘의 질문

여러분은 헌법을 읽어보신 적이 있으신가요?

박홍순의 『헌법의 발견』 서두에 이런 내용이 있네요.

프랑스의 계몽 사상가이자 법치주의자로 유명한 몽테스키외는 『법의 정신』에서 백성의 계몽이 중요하다는 점을 강조하면서 무지몽매한 시대에는 위정자가 큰 악을 행할 때조차 백성들은 아무런 의혹을 품지 않는다고 했다고 합니다.

우리가 헌법을 읽어야 할 이유를 압축한 내용입니다. 헌법은 국가의 존재 이유를 뒷받침하는 법이고 국민의 생존에 필요한 근간이 되는 법입니다. 그럼에도 불구하고 우리는 헌법을 읽지 않습니다. 몇 해 전 한 방송인이 거리에 나와 헌법을 외칠 때 잠시 관심을 가졌을 뿐 그 이후로는 다시 시선을 거뒀습니다.

저는 예전 독서 컨설팅을 받을 때 읽었던 책을 다시 꺼내 읽는 것으로 헌법에 대한 관심의 불씨를 지펴봅니다. 저도 헌법 전문을 읽어보지는 못했습니다. 왜 헌법을 읽어야 하는지 이유도 몰랐습니다. 법은 이해할 대상이 아니라 외워야 할 대상, 꼭 지켜야만 하는 대상으로 배웠습니다. 그런데 이 책을 읽고서는 왜 헌법을 읽어야 하는지 알게 되었습니다.

헌법 제1조 1항인 '대한민국은 민주공화국이다'라는 짧은 내용 하나에도 오랜 역사와 철학이 담겨 있다는 걸 알게 되었습니다. 헌법이 재미있게 다가왔습니다. 헌법 조문 하나에도, 사용하는 단어 하나에도 인문학적 사고와 철학적 함의가 담겨 있다는 사실을 알게 되었습니다.

이제 2주간 책을 읽어가며 하나씩 살펴보려 합니다. 여러분도 저와 같이 헌법을 배우고 헌법에 숨겨져 있는 인문학적 사고를 찾는 재미에 빠져보셨으면 좋겠습니다.

오늘도 책을 통해 기적을 경험하세요. 아자!!!

GOOD MORNING HUMANITIES

법 위에 아무도 없고
법 아래 아무도 없다.

_루스벨트

017 목숨과 신념 중에 하나를 선택한다면?

오늘의 질문

목숨과 신념 중에 하나를 선택해야 한다면 무엇을 택하실 건가요?

목숨과 신념 중에 하나를 선택해야 하는 순간이 나에게 올까 생각하면 굳이 이런 질문이 필요할까라는 의문도 듭니다. 그러나 한번쯤은 이런 상황에서 나는 어떤 선택을 할까 고민해 볼 필요도 있다는 생각입니다.

『소크라테스의 변명』에서 소크라테스는 재판관들을 향해 변론을 시작합니다. 본인에 대한 변명을 해야겠다고 하면서 아테네 시민이 가지고 있는 편견을 제거해 버리는 데 힘쓰는 일은 신의 뜻에 맡기겠다고 합니다. 그러면서 법률에 복종해서 변명을 하겠다고 합니다. 결국 법률에 따라야 한다는 본인의 신념을 표현한 것이죠.

아테네 정부로부터 고소를 당한 소크라테스는 얼마든지 사형을 피해갈 수 있었다고 합니다. 자신의 사상을 바꾸는 척하며 위기를 모면

할 수도 있었고 친구들의 도움을 받아 망명하여 후일을 도모할 수도 있었다고 합니다. 그런데도 소크라테스는 자신의 신념을 굽히지 않고 의연하게 독배를 마십니다. 죽음을 택함으로써 자신의 신념도 지키고 법에 의거한 사회구성원으로서의 의무도 이행했습니다. 법률에 복종해 변명을 하겠다는 그의 말처럼 말입니다.

혹자는 대의를 위해—그 대의가 아테네 시민들이 깨어나기를 바라는 것이었다면—자신의 목숨을 아껴 후일을 도모하는 것이 더 현명하다고 이야기합니다. 어떤 이는 자기의 신념을 놓는 순간 패배자와 변절자라는 이름이 따르기 때문에 자기 정체성을 지키기 위해서는 목숨을 잃는 것도 불사해야 한다고 말합니다. 어떤 것이 옳은지는 각자 생각하기 나름입니다. 정답이 없다는 것입니다.

청군에 의해 남한산성에 갇혀 임금과 신하들이 국운의 향방에 관해 결정할 때 척화론의 김상헌과 주화론의 최명길은 상반되는 주장을 펼칩니다. 그렇지만 두 신하 모두 나라를 향한 충심만은 같은 것이었습니다.

주화론을 받아들인 인조가 청나라 장수 앞에서 머리를 조아리며 결국 항복의 길로 갔지만 만약 끝까지 항쟁해서 싸웠다면 조선의 향방은 어떻게 변했을지 모릅니다. 역사에는 가정이 없어서 논하기는 어렵지만, 만약 그랬다면 지금 우리나라의 모습도 많이 바뀌었을 수도 있겠지요.

만약 나라면 어떻게 했을까 생각해 봅니다. 신념을 지키기 위해 죽음을 택했을지 아니면 죽음을 피하기 위해 잠시 신념을 내려놓았을지 말이죠. 머리로는 신념을 택하라고 하지만 막상 그 상황에 닥치게 된다면 장담하지 못할 일입니다. 아마도 죽음을 모면하기 위해 신념을 바꾸고는 후일을 도모하기 위해 잠시 위장을 했다고 합리화할 것 같기도 합니다. 여러분은 어떠신가요?

오늘도 책을 통해 기적을 경험하세요. 아자!!!

018 지혜란 무엇인가요?

오늘의 질문

지혜롭다는 건 어떤 의미일까요?

『소크라테스의 변명』에는 그 유명한 '소크라테스의 지혜'에 대한 이야기가 나옵니다.

소크라테스의 친구인 '카이레폰'이 델포이 신전에서 신탁을 구했는데 소크라테스보다 더 지혜로운 사람은 없다는 답변이 나왔습니다. 소크라테스는 신탁을 받아들일 수가 없었습니다. 본인 스스로는 지혜로운 사람이 되지 못한다고 생각했기 때문이죠.

소크라테스는 신탁에 반박하기 위해 지혜롭다고 명성이 있는 사람들을 찾아가 문답을 합니다. 문답하는 과정에서 소크라테스는 깨닫게 됩니다. 모른다는 것조차 모르면서 아는 척하는 사람들이 많다는 것이었습니다. 소크라테스는 자신이 만나 이야기를 나눈 모든 사람이 그런 모습을 보이는 걸 보고, 모른다는 것조차도 모르는 사람보다 모른다는 것을 모른다고 하는 자신이 좀 더 지혜롭다는 것을 인정하게 됩니다.

저는 제가 무엇을 모르는지도 모르는 채 아는 것처럼 이야기하는 경우가 많습니다. 자그마한 지식이라도 끄집어내서 나를 드러내고 싶은 마음이 앞서 이야기를 꺼내고 맙니다. 하지만 그런 얄팍한 지식은 금방 탄로가 납니다. 차라리 모른다고 말을 했더라면 더 나았을 거라며 후회하지만 이미 뱉은 말을 주워 담을 수는 없습니다. 부끄러울 따름입니다.

왜 그럴까요? 모른다고 인정하면 되는데 아는 척 허세를 떠는 이유는 무엇일까요? 알량한 자존심 때문일까요? 대화에 끼어들고 싶어서 또는 대화를 주도하고 싶어서일까요? 듣는 데 익숙하지 않고 말하는 데 익숙해서일까요?

저의 경우는 약간 잘난 체하고 싶어서인 것 같습니다. 뭐라도 아는 척 이야기하면 대화를 나누는 상대의 눈빛이 달라지거든요. 그러면 우쭐한 마음에 더 살을 붙이게 됩니다. 이미 제가 알고 있는 지식은 진위 여부도 가리지 못한 채 삼천포로 빠지고 있는데도 말이죠.

모른다고 인정하기가 어렵습니다. 제 날것의 모습을 그대로 보여주는 것 같아서입니다. 이는 지식의 확장을 방해하는 걸림돌일 뿐입니다. 모른다고 인정해야 사유와 탐구가 일어나고 그로 인해 지식의 확장이 일어나는 겁니다.

모른다는 것을 인정하면 질문하게 됩니다. 질문이야말로 나를 지혜로 이끄는 지름길입니다. 이런 것까지 질문하면 상대방이 나를 얕잡아 보지 않을까 걱정하면 질문하지 못합니다. 좀 얕잡아보면 어떻습니까? 오히려 상대방은 우쭐해진 마음으로 더 자세히 알려주려고 할 것입니다. 지식을 높일 수 있는 절호의 기회입니다.

무턱대고 질문만 한다고 좋은 것은 아닙니다. 질문도 잘해야 합니다. 자칫 지식을 뽐내는 수단으로 질문이 활용될 수 있습니다. 나는 알고 있는데 너도 알고 있니?라는 식의 질문은 지혜의 확장을 위한 질문이 아닙니다. 내 지식이 우위에 있다는 자만심의 표현입니다.

잘못된 질문은 지식을 뽐내는 허세가 될 수 있음을 경계하며 깨달음을 얻기 위한 질문을 해야겠습니다. 그러기 위해서는 내가 무엇을 모르는지 알아야 합니다. 내가 모른다는 것을 인정해야 합니다. 그때에서야 진심을 담아 질문하게 됩니다. 이제는 답을 우선하는 것보다 질문을 먼저 하는 지혜를 배워야겠습니다.

오늘도 책을 통해 기적을 경험하세요. 아자!!!

019 정치에 관심을?

오늘의 질문

우리는 왜 정치에 관심을 가져야 할까요?

오늘도 읽고 있는 책 『헌법의 발견』에서 저자는 부당한 권력에 순종하는 정치적 무관심과 소외의 결과가 전체주의나 권위주의 세력을 뒷받침하는 훌륭한 밑거름이 되었다고 말합니다.

'정치적 무관심은 언제나 전체주의나 권위주의 세력의 가장 훌륭한 토양이었다'라는 문구가 눈에 확 들어오네요. 정치에 관심이 없거나 무지하면 그런 민중을 이용하는 세력에 이용당하기 쉽습니다. 이는 따로 설명하지 않아도 자명한 일입니다. 그런데 이보다 더 우려스러운 일은 자기가 듣고 싶은 말만 듣는 태도에 있습니다.

유튜브와 SNS를 통해 거의 모든 정보를 습득한다고 해도 과언이 아닐 정도인 요즘은 편중의 정도가 더 심하다고 할 수 있습니다. 알고리즘이라고 명명된 시스템에 의해 내 관심사를 먼저 보여주는 매체의 특성 때문에 더욱더 그러하다고 할 수 있습니다.

만약 정치 성향에 있어서 내가 좌파라면 내 SNS에는 좌파의 입맛에 맞는 뉴스나 정보가 계속 노출됩니다. 반대로 내가 우파라면 우파의 정보가 더 많이 노출되겠지요. 정확한 팩트를 중심으로 파악할 수 있는 정보가 부족해지는 결과를 낳습니다.

SNS뿐만 아니라 기존 언론도 마찬가지 역할을 하는 게 현실입니다. 공정을 기준으로 보도해야 하는 언론의 역할이 무게추를 한 방향에 두고 있는 것도 사실입니다. 사실을 파악하려는 의지 없이 정보를 받아들이다 보면 중립적인 판단이 어려워지게 됩니다.

제대로 된 판단을 위해서는 어떻게 해야 할까요? 내가 듣고 싶은 말만 듣고 믿고 싶은 내용만 믿으려는 마음을 버려야 합니다. 그래야 사실이 들립니다. 사실을 정확히 듣기 위해서라도 헌법을 읽어야겠습니다. 헌법에서 허용한 우리 민중의 권리를 정확히 알아야 잘 들리지 않을까요?

책을 읽다 보니 왜 우리가 정치에 관심을 가져야 하고 투표를 해야 하는지 좀 더 명확하게 알 수 있게 된 것 같습니다.

"대한민국은 민주공화국이다."

우리나라 헌법 제1조 1항입니다. 다시 한번 그 의미를 되새겨 봤으면 좋겠어요.

오늘도 책을 통해 기적을 경험하세요. 아자!!!

020 아름다움이란?

오늘의 질문

아름다움이란 무엇인가요?

저는 『소크라테스의 변명』을 읽으면서 소크라테스의 마음이 아름답게 느껴졌습니다. 왜 아름답다고 느꼈는지는 잘 모르겠어요. 그냥 아름답다는 생각이 들더라고요. 그러다 보니 '아름다움이란 무엇인가?'라는 의문이 떠올랐습니다. 계속 생각 중이지만 저는 아직 답을 찾지 못했습니다. '아름다움'을 표준국어대사전에서는 이렇게 말합니다.

1. 모양이나 색깔, 소리 따위가 마음에 들어 만족스럽고 좋은 느낌.
2. 하는 일이나 마음씨 따위가 훌륭하고 가륵함.

표준국어대사전에 표현된 '아름다움'에 대한 정의가 그리 만족스럽지 않습니다. 더 많은 의미를 내포하고 있을 것 같은데 몇 마디의 단어로 한정 지은 것 같은 느낌입니다. 분명 언어로는 담을 수 없는 그 무엇이 있을 텐데요.

결국 아름다움의 어원을 찾아봤습니다.

'알음(知) + 답다'와 '아름(抱) + 답다' 그리고 '아(我)답다' 등의 설이 있다고 하네요. 첫 번째 어원에 따르면 아는(知) 것이 아름다움의 본질이 된다는 의미입니다. 알지 못하면 아름답지 못한 겁니다. 그럼 우스갯소리로 백치미(白痴美)는 어디에 해당하는지 모르겠습니다. 아는 것을 기준으로 하면 백치미는 헛된 아름다움이겠지요. 그냥 제 생각입니다.

두 번째 어원으로 보면 '아름'이 두 팔로 껴안을 수 있는 길이나 양을 뜻하는 것으로 봐서 한 아름 가득 찬 상태를 아름답다라고 표현할 수 있겠습니다. 모든 걸 포용하는 상태가 아름다움이 아닐까 생각해 봅니다.

세 번째 어원은 '나답다'라는 뜻입니다. 내 미의식과 가치 기준에 맞는 것이 아름답다는 겁니다. 나다운 것이 아름답다. 이 어원이 제 생각과 가장 부합하는 것 같습니다. 어차피 아름다움을 느끼는 감정은 나로부터 출발하는 것이니까요.

'아름다움'은 이 세 가지만으로 나타내기는 어려울 정도로 훨씬 더 많은 의미를 담고 있다고 생각합니다. 각자가 품고 있는 '아름다움'이 하나씩 있어서 그런 걸까요? 여러분은 '아름다움'이 뭐라고 생각하세요?

오늘도 책을 통해 기적을 경험하세요. 아자!!!

021 전문가란?

오늘의 질문

전문가란 어떤 사람을 이야기하는 걸까요?

2주간의 계획을 잡고 읽고 있는 『소크라테스의 변명』에서 소크라테스는 작가로서 일하고 있다는 것만으로 다른 분야에서도 가장 지혜가 있는 사람이라고 믿는 부류에 대해 통렬한 비판을 합니다. 그럴듯하게 말은 많이 하지만 자기가 말하는 것의 참뜻도 모르고 있다면서 말이죠.

전문가라고 하는 사람이 흔히 저지를 수 있는 오류에 관해 이야기하는 내용입니다. 한 분야의 전문가가 마치 다른 분야에서도 전문가인 것처럼 아는 체하거나 행동하는 것을 비꼬는 말입니다. 우리는 대부분 전문가의 말을 별 비판 없이 믿게 됩니다. 한 분야의 전문가라는 모습 때문에 다른 분야까지도 전문가로 보이는 '후광효과' 때문이지요.

더 큰 문제는 전문가라고 생각하는 사람이 스스로 나타내는 오만입니다. 특정 분야의 전문가일 뿐인데 모든 것에 통달한 것처럼 행세하는 꼴불견을 보일 때가 많습니다. 우리는 그런 사람을 '꼰대'라고 부르기도 합니다. 그들은 자신이 모른다는 사실도 모릅니다. 이미 전문가라는 이름이 주는 우월감에 취해 있기 때문입니다.

소크라테스가 말하는 지혜 없는 사람이 바로 이런 사람들입니다. 지식의 최고봉에 있다는 자만심으로 인해 진짜 지혜를 발휘하지 못하는 사람들입니다. 남을 탓할 게 아닙니다. 저도 스스로 돌아봅니다. 혹시나 나도 모르게 꼰대 짓을 하고 있지는 않은지 말입니다. 말을 아끼고 질문을 해야 하는 이유이기도 합니다.

오늘도 책을 통해 기적을 경험하세요. 아자!!!

022 주권이란?

오늘의 질문

주권이란 무엇일까요?

『헌법의 발견』에서 저자는 "영국 국민은 선거 때만 자유롭고, 그 밖의 경우는 노예 상태에 있다"는 루소의 지적을 인용하면서 주권은 투표권만을 의미하는 것이 아니라 선거와 무관하게 항상 관철되어야 하는 것이라고 말합니다.

"대한민국의 주권은 국민에게 있고, 모든 권력은 국민으로부터 나온다." 우리 헌법 제1조 2항입니다. 이 헌법 조항의 기초는 프랑스대혁명 직후에 이루어진 인권선언 제3조의 "모든 주권 원칙은 국민에게 있다"에 바탕을 두고 있다고 합니다.

이 '주권'에 대한 해석을 놓고 책에서는 다양한 철학적 근거를 제시합니다. 그리고 어떻게 국가가 '주권'을 제한된 틀 안에 가두려고 시도했는지 서술하고 있습니다. 유신헌법에서는 주권을 협소하게 해석해 헌법에 명문화함으로써 국민의 주권을 제한하려고 했습니다. 그 문구는 다음과 같습니다.

대한민국의 주권은 국민에게 있고, 국민은 그 대표자나 국민투표에 의하여 주권을 행사한다.

대한민국의 주권은 국민에게 있다고 하면서 '대표자나 국민투표에 의해 주권을 행사한다'는 문장을 내세워 교묘하게 국민의 주권을 제한하고 있습니다. 표현도 '국민'이라는 단어를 써서 국민은 국가의 구성원이라는 점을 내비치고 있습니다. '국민'이 맞는지 '인민'이 적절한지에 대한 부분은 지금 언급하지 않겠습니다.

주권은 투표권에만 해당하는 것일까요? 투표권 외에 우리의 주권을 행사하기가 쉽지 않은 대의민주제에서는 투표권만이 유일한 주권 행사의 도구처럼 느껴집니다. 그 외의 방법이 있다 한들 우리는 주권을 행사하는 방법도 잘 모릅니다.

그럼 어떻게 주권을 행사해야 하는 걸까요? 2016년 광화문을 뜨겁게 달구었던 촛불집회가 그 방법 중 하나였을 수도 있습니다. 국민이 직접 나서서 국가를 바꿀 수 있었던 지난 사례를 보면 주권을 제한하려 꼼수를 부리는 국가에 비해 국민들이 훨씬 더 현명하다는 생각이 듭니다. 만약 투표가 우리의 주권을 행사할 수 있는 유일한 방법이라면 적극적으로 참여하여 소중한 나의 주권이 소멸되는 우를 범하지 말아야겠습니다.

법조문 한 문장이 이루어지는 데도 수많은 철학적 근거가 필요했다는 사실을 알고 나니 생각이 깊어집니다.

오늘도 책을 통해 기적을 경험하세요. 아자!!!

023 공무원은 누구입니까?

오늘의 질문

공무원은 누구인가?

『헌법의 발견』에서 저자는 "공무원은 국민 전체에 대한 봉사자"라는 헌법 규정을 현실로 받아들이는 공무원은 거의 없다면서 중간 직급 이상으로 갈수록 봉사자보다는 권력 행사자로 보인다며 공무원의 행태를 꼬집고 있습니다.

"공무원은 국민 전체에 대한 봉사자이며, 국민에 대하여 책임을 진다."

우리 헌법 제7조 1항입니다. 절대군주제에서 공무원은 신하의 성격이 두드러졌다고 합니다. 오직 군주에만 의존하면 됐죠. 하지만 현대 사회에서 공무원은 다른 성격을 지닙니다.

루소는 『사회계약론』에서 정부(공무원)는 주권자(국민)와 국가 사이의 중개자라고 정의하면서 '집행권을 맡은 사람은 인민의 공복'임을 한시도 잊으면 안 된다고 말합니다.

책에서는 국회의원, 지방 자치 단체장까지 포괄적으로 공무원의 범주에 포함하고 있습니다. 검사, 판사, 장·차관 등 소위 고위직 공무원들도 당연히 공무원입니다. 그런데 과연 그들은 헌법에 규정되어 있는 공무원의 역할을 다하고 있습니까? 정말로 모든 공무원은 국민을 책임지며 최선을 다해 일하는데 일부 공무원들만 국민을 외면하며 자신들의 사욕을 채우는 것일까요?

공무원이 국민 전체에 대한 봉사자가 아니라 국민을 지배하려는 권력을 행사할 때 이미 헌법에서 규정한 공무원은 사라지고 없습니다. 우리 국민은 헌법에 규정된 바에 따라 공무원에게 우리의 권리를 당당하게 요구할 수 있어야 합니다. 물론 공무원 자신들의 권리를 찾는 것도 중요하지요. 그렇지만 먼저 그들에게 부여된 의무를 이행하고 권리를 찾아야 할 것입니다.

현장에서 성실하게 일하고 국민에게 최선을 다하는 공무원들이 있다는 것도 인정합니다. 그들의 헌신 때문에 우리는 편하게 일상생활을 영위할 수 있습니다. 코로나 사태로 인해 연일 고생하고 있는 공무원들, 현장에서 민심과 맞닥뜨리며 최선을 다해 업무를 수행하는 공무원들에게는 깊은 감사와 찬사를 보낼 수밖에 없습니다. 봉사와 책임은커녕 민중 위에서 군림하려는 공무원들이 도드라지게 드러나는 것이 문제죠. 공무원의 역할에 대해 다시 한번 생각해 봅니다.

오늘도 책을 통해 기적을 경험하세요. 아자!!!

024 평등이란?

오늘의 질문

평등하다는 건 무엇일까요?

계속 언급해서 지루하시겠지만 『헌법의 발견』에 소개된 1948년 세계 인권 선언 제6조의 내용으로 질문을 시작합니다.

모든 사람은 그 어디에서건 법 앞에서는 다른 사람들과 똑같은 '한 사람의 인간'으로 인정받을 권리가 있다.

우리 헌법 제11조 1항에는 "모든 국민은 법 앞에 평등하다. 누구든지 성별, 종교 또는 사회적 신분에 의하여 정치적, 경제적, 사회적, 문화적 생활의 모든 영역에 있어서 차별을 받지 아니한다"라며 국민의 평등을 규정하고 있습니다.

루소의 『인간 불평등 기원론』을 읽으며 과연 모든 인간은 평등해질 수 있는가에 관해 토론했던 기억이 납니다. 찬반으로 팽팽하게 나뉘었었는데 쉽게 결론이 나지 않더군요.

현대 사회가 평등하다는 점에 대해 어떻게 생각하시나요? 과거와 다르게 신분제나 노예제도 없고 누구든 동일한 투표권을 갖고 있으며 누구나 교육을 받을 수 있는 자유가 있는 현대는 평등하다고 말할 수 있습니다. 누구나 열심히 하면 성공할 수 있어서 평등하다고들 합니다.

그러나 출발점이 다른 사회에서 평등을 말할 수 있을까요? 태어난 환경이 다르고 가지고 시작하는 재원이 다를 텐데 과연 평등하다고 할 수 있는지 궁금합니다. 열심히만 하면 다 성공할 수 있는데 아니 평범하게라도 살 수 있는데 그렇지 못한 것은 본인이 게으른 탓이라며 개인에게 책임을 돌립니다. 이것이 맞는 관점일까요? 아마도 쉽게 동의하기 어려우실 겁니다. 이런 걸 감안해서 생각한다면 루소의 말처럼 완전한 원시사회로 돌아가지 않는 한 '평등'은 어려운 걸까요?

니체는 평등에 대해 다른 이야기를 합니다. 평등은 나보다 더 우월한 사람에 대한 질투로 인해 그를 끌어내려 나와 동등한 사람으로 만들고자 하는 인간의 욕심이라고 이야기합니다. 그래서 평등이라는 이름으로 우매한 대중들이 만들어진다는 거죠. 평등이 민주주의의 근간이라고 생각했는데 니체의 다른 관점을 접하게 되니 사고의 틀이 바뀌는 것 같습니다.

차별받지 않을 권리의 평등과 니체가 말하는 능력의 평등이 다른 개념일 수는 있습니다. 그래서 니체가 엘리트주의자라는 평가를 받기도 하는 것 같습니다. 아무튼 『헌법의 발견』이라는 책을 계기로 평등에 대해 다양하게 생각할 수 있어서 좋네요.

오늘도 책을 통해 기적을 경험하세요. 아자!!!

025 왜 일을 하시나요?

오늘의 질문

우리는 왜 일을 하나요?

『헌법의 발견』에는 이런 내용도 있습니다. 책 제목처럼 헌법을 발견할수록 '이런 것까지?'라는 생각이 듭니다.

현재 대부분의 사람은 대부분의 시간을 노동을 하며 보냅니다. 노동은 삶을 살아가기 위한 수단일 뿐인데 현실은 노동이 목적이 되어버렸다는 겁니다. 인간은 노동하기 위해 태어난 존재가 아닌데도 말이죠.

여러분은 왜 일을 하십니까? 이 질문에 대부분은 먹고살기 위해 일을 한다고 대답할지도 모릅니다. 앞서 말씀드렸던 김훈의 '먹고사는 것의 비애'가 떠오릅니다. 그런데 먹고살기 위한 노동의 수준이 어디까지인지 모르겠습니다. 먹고사는 범위를 어디까지로 규정할 것인가에 따라 노동의 수준이나 크기가 달라질 수 있겠지요.

초근목피로 하루 세끼를 해결해도 만족하는 사람이라면 최소한의 노동으로 생활수준을 영위할 수 있을 것입니다. 기름지고 배불리 먹어야 만족하는 사람의 노동량은 더 커질 수밖에 없습니다. 이런 비교는 자본소득은 배제하고 노동소득만 있다고 가정했을 때 이루어질 수 있습니다.

먹고살기 위한 노동은 자신을 실현하기 위한 노동이 아닙니다. 그래서 노동은 수단이 아니라 그 자체가 목적이 되고 맙니다. 아무리 노동을 해도 만족할 만한 수준으로 먹고살기 어렵기 때문입니다.

수렵채집 생활을 했던 원시시대 인간은 필요한 노동만 했습니다. 농경사회가 시작되고 문명이 발달함에 따라 인간의 노동량은 증가했습니다. 과도한 노동은 문명의 결과라는 분석도 있는데 틀린 말은 아닌 것 같네요.

특히 생산수단을 독점하는 지배계급이 출현하고부터는 피지배계급은 지배계급의 필요에 의해 더 많은 노동을 할 수밖에 없는 상황이 되고 말았습니다. 그들의 노동까지 대신해야 했으니까요. 지금도 마찬가지입니다. 내 노동량을 내가 정할 수 없습니다. 이런 환경 때문에 노동은 수단이 아니라 목적이 되어버렸다는 생각이 듭니다. 먹고사니즘의 도구로 전락하고 만 거죠.

저도 아직 그 굴레를 벗어나지 못하고 있습니다. 그래서 조금은 비애감이 드는 것도 사실입니다. 저는 언제쯤 자아실현을 위한 노동을 할 수 있게 될까요? 여러분은 어떠신가요?

오늘도 책을 통해 기적을 경험하세요. 아자!!!

026 실패는 성공의 어머니?

오늘의 질문

실패는 성공의 어머니라는 말이 있습니다. 정말 그런가요?

이번 주부터는 2주에 걸쳐 『거절당하기 연습』이라는 책을 읽습니다. 제목이 재미있습니다. '거절당하기 연습'이라니요. 거절을 당하면 상처받기 마련인데 굳이 연습까지 한다니 내용이 궁금합니다. 저자는 책의 서두에서 자기 자신이 당한 거절이 이 세상에서 가장 큰 충격이라며 이야기를 풀어갑니다. 여기서 자신이 당한 거절이란 본인이 포기하는 것을 의미합니다. 자신이 자신을 거절하고 있다는 사실을 미처 깨닫기도 전에 거절하고 맙니다. 그것을 우리는 포기라고 합니다.

우리는 수많은 거절과 실패에 직면하게 됩니다. 어떤 사람은 거절당했다는 사실에 상처받아서 주저앉아 버리거나, 애초에 이루지 못할 꿈이었다는 자기합리화를 내세워 실패를 받아들입니다. 하지만 어떤 사람은 세상이 거절하는 것은 '나'가 아니라 '내가 제안하는 일이나 행동'이라는 사실을 알고 그걸 수정 보완해서 다시 도전합니다. 결국 어떤 사람이 성공할까요?

답을 찾기는 쉬운데 이 답을 실행하기는 쉽지 않은 것 같습니다. 분명 나를 거절하는 것이 아닌데 나를 거절하는 것으로 받아들입니다.

'거절은 '나'를 거절하는 것이 아니다'라는 사실을 깨닫는 방법 중에 가장 좋은 것은 거절한 사람에게 질문하는 겁니다. 왜 거절했는지 이유를 묻는 거죠. 그러면 상대는 이유를 말해 줄 것이고 이유를 듣고 나면 나를 거절한 게 아니었다는 사실을 알게 됩니다. 나를 거절한 것으로 지레짐작해서 묻지 못해 오해를 불러일으키는 거죠. 질문을 하면 거절을 좀 더 쉽게 받아들일 수 있을 것 같습니다. 결국 거절이나 실패를 받아들이는 자세에 따라 좌절의 씨앗이 될 수도 있고 성공의 어머니가 될 수도 있겠네요.

오늘도 책을 통해 기적을 경험하세요. 아자!!!

027 인생을 바꿀 수 있는 경험?

오늘의 질문

만약 인생을 바꿀 수 있다면 어떤 경험을 해보고 싶으세요?

『거절당하기 연습』에서 저자는 거절당하는 두려움을 극복하기 위한 100일 프로젝트를 진행합니다. 그 프로젝트를 통해 인간을 바라보는 새로운 시각을 얻었고, 어떤 상황에서든 효과적으로 대처할 수 있는 유연함을 얻었다고 합니다. '거절'을 통해 주변 세상을 다른 시각으로 바라보게 되었고, 그 경험이 인생을 바꿨다고 합니다.

책을 읽고 나서 이 프로젝트를 실행에 옮겨보려고 했던 때가 있었습니다. 과거 독서 컨설팅 사업에 참여하고 있을 때 이런 실험을 해본 적이 있습니다.

카페에 혼자 앉아 있는 분에게 다가가서 제가 들고 있는 책을 같이 읽어주십사 정중하게 부탁하는 프로젝트였어요. 과연 부탁받은 분은 같이 책을 읽어줄지 알아보는 것이 우리 실험의 목적이기도 했고 거절당하기 연습을 직접 체득해 보자는 의도도 있었습니다. 많은 분이 거부감 없이 같이 책을 읽어주신다면 독서 사업을 더 재미있게 펼칠 수 있으리라 생각했습니다.

부탁받은 분들 중 반은 거절하셨고 반은 흔쾌히 같이 읽어주셨던 기억이 납니다. 거절당하기 연습도 했고 독서에 대한 반응도 체크할 수 있는 좋은 기회였죠. 지속하지 못했던 것이 아쉬움으로 남은 프로젝트였습니다.

우리는 수많은 경험을 하며 삽니다. 그러다가 어느 한 순간의 경험에 의해 인생의 방향이 바뀌는 경우가 있습니다. 혹은 인생에 변화를 주기 위해 저자처럼 일부러 새로운 경험에 도전하기도 합니다. 도전을 시작할 때는 그 경험이 어떻게 자기 인생을 바꿀지 모릅니다. 그렇지만 끝까지 해냈을 때 또 다른 나를 발견하게 됩니다.

저는 독서 컨설팅을 받으며 1년에 200권의 책을 읽었던 경험이 가장 기억에 남습니다. 그리고 그 경험은 제 인생을 바꾸는 터닝포인트가 되었습니다. 전혀 읽지 않았던 책을 그렇게 열심히 읽을 줄 몰랐습니다. 그 경험은 새로운 나를 발견하게 해주었습니다. 그런 면에서 경험에 도전하는 건 나에 대한 호기심입니다. 새로운 경험을 통해 나를 발견하는 여정을 상상해 보세요. 주저하지 말고 도전해 보세요. 인생이 짜릿하지 않습니까?

오늘도 책을 통해 기적을 경험하세요. 아자!!!

028 오늘이라는 시간을 무엇으로 채울까?

오늘의 질문

여러분은 오늘을 어떤 시간으로 채우고 싶으신가요?

지금 제가 읽고 있는 『시간은 흐르지 않는다』라는 책에서는 서로 다른 길이의 시간에 대해 이야기합니다. 움직이는 친구와 멈춰 선 친구의 시간은 서로 다릅니다. 움직이는 친구의 시간이 더 느리게 흐릅니다. 많이 움직이면 많이 움직일수록 시간은 더 천천히 흐른다고 합니다.

아인슈타인은 시간이 질량과 속도 때문에 늦춰진다는 것을 알았고 그걸 증명해 냈습니다. 실제로 시간은 산에서보다 평지에서 더 느리게 흐른다고 하네요. 지구에 가까울수록 시간이 느리게 가는 거죠. 이처럼 모두에게 동일한 시간이 흐를 것 같지만 각자 처한 위치나 속도에 따라 다르게 흐릅니다. 각자의 시간이 다 다르다는 거죠.

젊은이와 노인이 느끼는 시간의 속도도 다르다고 합니다. 하루를 놓고 비교하면 젊은이는 오늘 보낸 하루에 대한 기억이 많습니다. 호기심이 커서 이것저것 기웃거리고 시도하면서 기억을 촘촘히 쌓습니다. 그에 비해 노인들은 오늘 하루가 지금껏 보내온 날들과 별반 다를 것이 없어서 그저 그렇게 시간을 보냅니다. 당연히 기억에 남는 일도 별로 없습니다. 그래서 시간이 빨리 가는 것같이 느껴집니다.

이는 신체 나이와는 별개로 젊은이와 노인을 마음먹기에 따라 구분할 수 있다는 것을 보여줍니다. 노인들은 시간이 빠르다고 푸념합니다. 시간을 느리게 가게 하는 방법이 있습니다. 바로 마음을 바꾸는 것입니다. 호기심을 키워야 합니다. 그리고 이것저것 시도해야 합니다. 쳇바퀴 도는 듯한 동선에서 벗어나 낯선 골목으로 발길을 돌려야 합니다. 책을 펴고 지혜의 샘물을 마셔야 합니다. 당연히 하루의 기억이 많아질 것이고 시간도 느리게 갈 것입니다.

너와 내가 경험하는 시간이 다르다. 재미있지 않나요? 그럼 내가 보내는 시간은 나만의 특별한 시간이 되는 거고요. 시간이 이렇다는 걸 알게 되니 오늘을 나만의 특별한 시간으로 채우고 싶다는 생각이 듭니다. 일상 속에서도 뭔가 나만의 것을 찾을 수 있는 하루가 된다면 오늘은 나에게 아주 특별한 시간이 될 수 있지 않을까요?

오늘도 책을 통해 기적을 경험하세요. 아자!!!

029 도를 아십니까?

오늘의 질문

도(道)란 무엇일까요?

道可道, 非常道, 名可名, 非常名(도가도, 비상도, 명가명, 비상명).

노자의 『도덕경』 첫째 장 첫 문구입니다. 저자인 최진석 교수는 이를 '도가 말해질 수 있으면 진정한 도가 아니고 이름이 개념화될 수 있으면 진정한 이름이 아니다'라고 해석합니다. 그러면서 '도를 특정한 내용으로 정의하여 개념화할 수 없는 이유는, 도가 언어로 담기 어려울 정도의 거대한 모습으로 현상계를 초월해 있거나 신비한 그 무엇이기 때문이 아니라, 이 세계 자체가 본질을 규정하는 식의 언어 행위로 구분할 수 있도록 되어 있지 않기 때문'이라고 풀이합니다.

'도(道)'의 사전적 의미는 '마땅히 지켜야 할 도리'라고 되어 있네요. '도'를 달리 이야기하면 '진리'라고 말할 수도 있겠습니다. 누구는 우주는 자연의 법칙에 따라 움직이기 때문에 '진리'가 있다고 하고 누구는 우주는 우리가 알고 있는 모습이 다가 아니기 때문에 '진리'는 없다고 이야기합니다. 무엇이 맞는지는 모르겠습니다.

『도덕경』의 첫 문장을 읽고 '내가 알고 있는 것이 곧 진리'라는 생각에서 벗어납니다. 그리고 많은 생각을 합니다. 이 책은 읽는 데 오래 걸릴 것 같습니다. 책을 다 읽고도 도의 근처에도 가지 못할 수 있습니다. 읽다 포기할 수도 있습니다. 그래도 그렇게 한발 한발 다가서다 보면 도의 형체라도 느껴볼 수 있지 않을까요?

오늘은 북금입니다. 저는 오늘 야간산행을 합니다. 불빛 하나 없는 어두컴컴한 산길을 오르다 보면 한동안은 아무 생각도 나지 않습니다. 발밑의 돌부리나 날카로운 가지가 발을 찌를까 걱정이 돼서입니다. 그렇게 산길을 오르면 눈은 어느새 어둠에 익숙해지고 사방이 밝아지는 느낌을 받습니다. 칠흑 같은 어둠에 적응한 눈은 사물을 구분해 냅니다. 인체의 적응력이 신기합니다. 이런 야간산행에 잡생각이 들어올 틈은 없습니다. 목적지에 오를 때까지 몸과 마음이 정화되는 느낌을 받습니다. 어쩌면 이 길도 도에 이르는 과정이 아닐까요?

오늘도 책을 통해 기적을 경험하세요. 아자!!!

030 핑계를 대는 이유?

오늘의 질문

혹시 핑계를 자주 대시나요? 그렇다면 언제인가요?

지금 제가 읽고 있는 『네 안에 잠든 거인을 깨워라』에서 핑계에 대한 부분을 읽으며 깨닫는 바가 큽니다. 누군가 그러더군요. 핑계로 성공한 사람은 김건모밖에 없다고요. 이 말을 듣고 웃었는데 웃을 일만은 아닌 것 같습니다.

사람들은 온갖 이유를 들어 자신이 원하는 삶을 살지 못하는 데에 대해 핑계를 댑니다. 자신을 합리화하기에 바쁜 거죠. 나이가 많은 것도 핑계요, 나이가 어린 것도 핑계입니다. 교육을 받지 않은 것도, 너무 많은 교육을 받은 것도 핑계입니다. 저자는 그래서 모든 핑계는 나약한 신념에서 나오는 변명에 불과하다며 결단하라고 합니다. 결단은 변명을 넘어 우리 인생을 단단하게 변화시켜주기 때문입니다.

이 부분을 읽는데 한 방 맞은 기분입니다. '모든 핑계는 나약한 신념에서 나오는 변명에 불과하다'라는 말이 어느 때보다 더 강하게 다가

오네요. 나는 주로 언제 핑계를 대는가 생각해 봤습니다.

저는 주로 자신이 없을 때 핑계가 많아집니다. 저자가 이야기한 대로 나약한 신념에서 나오는 변명으로 핑계를 대고 있는 거죠. 자신이 없으면 자신이 없다고 인정하고 부족한 걸 채우면 되는데 부족한 나를 드러내기 싫어 핑계를 댑니다. 그런데 더 문제는 스스로에게도 핑계를 댄다는 거죠. 자기합리화로 나를 속일 수 있는 것처럼요. 이런 핑계를 단번에 끝낼 수 있는 것이 결단이라고 합니다. 결단하고 실행하면 되는 거죠.

오늘 다시 다짐합니다.

'단, 무, 지!'

단희쌤의 『마흔의 돈 공부』라는 책에 나오는 구호입니다. '단순하고 무식하게 지속적으로 반복!'의 줄임말입니다. 답은 우리 가까이에 있습니다. 그리고 모르는 것도 아닙니다. 잊고 있었던 것을 찾아내는 것입니다. 이제 찾았으니 실행만 남았습니다. 어려운 시기에 모두 힘내시길 바랍니다. 핑계는 저 멀리 던져버리자고요!

오늘도 책을 통해 기적을 경험하세요. 아자!!!

031 거절이 두려우신가요?

오늘의 질문

혹시 거절당할까 봐 두려워 시도하지 못하고 있는 게 있으신가요?

독서토론 모임의 선정 도서인 『거절당하기 연습』을 읽다 보니 과거 일이 떠올랐습니다.

저는 전 직장에서 23년간 법인영업을 했습니다. 그야말로 거절을 밥 먹듯이 당해야 하는 직업이었죠. 일상이 거절이었습니다. 거절이 두려워 방문해야 하는 사무실의 출입문조차 열지 못할 때도 있었습니다. 겨우 건넨 명함이 책상 위에 아무렇게나 던져지고 외면당할 때도 있었습니다. 그로 인해 마음의 상처도 많이 받았습니다.

그런데 지금 생각해 보니 내 마음을 더 아프게 한 것은 스스로 저를 거절한 경우였습니다. 거절당하는 게 두려워 시도조차 하지 않은 때가 많았으니까요.

책을 쓰겠다고 결심할 때도 비슷한 감정이 몰려왔습니다. 출판사로부터 거절당하는 게 두려워 시도조차 못할 뻔했습니다. 하지만 '거절은 의견에 불과하다'라는 생각을 마음에 담고 나니 편해졌습니다. 그리고 실제로 출판사로부터 거절을 당했을 때도 상처가 그리 크지 않았습니다. 그건 출판사의 의견일 뿐 나를 거절한 건 아니니까요.

모두가 저마다의 의견이 있는데, 만일 모든 의견을 똑같이 받아들인다면 결국 모든 것을 놓치게 된다는 저자의 말에 용기를 얻었습니다.

지금은 내 의견을 수용해 준 출판사와 계약을 하고 열심히 책(졸작 『돈을 부르는 작은 습관』)을 쓰고 있습니다. 이제는 독자의 거절이 두렵기도 하지만 그 또한 서로 다른 의견이라는 걸 알기에 크게 개의치 않습니다. 저와 의견을 같이하는 분도 많을 테니까요. 거절은 의견에 불과할 뿐입니다. 그러니 일단 시도해 보는 것이 중요하지 않을까요?

오늘도 책을 통해 기적을 경험하세요. 아자!!!

032 오늘 나를 설레게 하는 게 있다면?

오늘의 질문

오늘 아침 나를 가슴 설레게 하는 게 있으신가요? 있다면 무엇인가요?

『거절당하기 연습』의 저자 지아 장은 거절당하기 연습이 진행될수록 설레는 경험을 합니다. 아침마다 오늘은 또 무슨 참신한 아이디어로 거절당할까 생각하면서 눈을 뜰 정도였으니까요. 참, 거절당할 생각을 하면서 설레다니! 그런데 그럴 만한 이유가 있었습니다.

저자는 거절당하기 연습을 하면서 심리학, 협상, 설득에 대해 공부했습니다. 공부하면서 새롭게 습득한 지식을 본인의 블로그에 포스팅하고, 블로그를 구독하는 독자와 공유하고 같이 시험해 보는 도전에 더 큰 매력을 느꼈기 때문이죠. 대상을 어떻게 바라보느냐에 따라 '거절'조차도 아침에 활력을 주는 요소가 될 수 있다는 걸 느꼈습니다.

아침을 어떻게 시작하느냐에 따라 하루가 달라집니다. 반복되는 일상으로 하루를 반복하는 것과 호기심과 설렘으로 가득한 하루를 살아가는 건 분명 다릅니다. 미래도 다르게 다가올 거고요. 저는 매일 아침 설레는 마음으로 '굿모닝 북모닝'을 올립니다. 오늘은 어떤 생각들을 공유할 수 있을까 생각하면서 말이죠.

특별히 설레는 일이 없다는 분들은 아침 10분이라도 책을 읽어보시길 추천합니다. 책에는 내가 경험하지 못했던 다양한 것들이 존재합니다. 어떤 책이라도 좋습니다. 어릴 때 읽었던 동화책을 다시 읽어보세요. 잠깐이라도 환상의 세계에 다녀올 수 있습니다. 어려운 철학책도 좋습니다. 10분 동안이나마 지혜의 길을 산책할 수 있습니다. 자기계발서도 좋습니다. 하루를 힘차게 시작할 수 있는 동력을 제공해 줄 테니까요. 그 어떤 것이든 긍정적인 마음으로 하루를 시작할 수 있는 장치로 만들어보세요. 분명 달라진 하루를 느끼실 겁니다.

오늘도 책을 통해 기적을 경험하세요. 아자!!!

033 황당함과 무모함의 한계?

오늘의 질문

황당함이나 무모함의 한계는 어디까지일까요?

소프트뱅크의 회장 손정의는 23세의 나이에 유니슨월드라는 기획사를 세우고 사업을 시작합니다. 직원은 달랑 2명의 아르바이트 사원이 전부였습니다. 이때 그는 언젠가 회사 매출액을 두부 세듯이 잇초(한 모), 니초(두 모) 하며 세고 싶다는 그 유명한 '귤 상자 위의 연설'을 합니다.

이 연설을 들은 두 명의 아르바이트 사원은 23세 사장의 허풍에 질려 곧 회사를 그만두고 말았답니다. 하지만 손정의가 귤 상자 위에서 했던 이 허무맹랑한 연설은 25년 후 현실이 됩니다. 소프트뱅크의 판매액이 1조 엔을 돌파한 거죠. 똑같은 꿈을 두고 누구는 실현 가능하다고 하고 누구는 무모하다고 이야기합니다. 그 차이는 어디서 나오는 것일까요? 자기확신의 차이라고 생각합니다. 내가 나를 얼마나 믿느냐에 따라 달라지는 거죠. 만약 손정의가 자신을 믿지 않았다면 과연 귤 상자 위에서 그런 연설을 할 수 있었을까요? 아마도 손정의는 자신의 연설을 듣고 회사를 그만둔 두 명의 아르바이트 사원을 이해하지 못할 겁니다. 아르바이트 사원들이 손정의를 이해하지 못했듯이 말입니다.

황당하고 무모한 행동은 허무맹랑하게 비춰질 수도 있습니다. 그렇지만 허무맹랑하게 느껴지는 무모함이 없었더라면 하늘을 나는 비행기도 없었을 것이고 우주를 탐사하는 우주선도 없었을 것입니다. 인류 문명의 발전을 선도했던 대부분의 기술이 이런 황당하고 무모한 시도에서 비롯되었다고 해도 과언이 아닙니다. 거기에 그것을 실행하는 사람들의 자기 확신이 더해져 혁신과 발전이 이루어진 거죠.

지금 하는 생각과 일이 황당하고 무모하다는 생각이 든다면 나를 믿는 확신은 얼마만큼인지 가늠해 보시기 바랍니다. 허무맹랑하다는 듯이 바라보는 타인의 눈빛을 제압할 수 있는 무게의 확신이라면 과감히 밀고 나가도 되지 않을까요? 무엇을 하든지 굳건히 나를 믿는 하루를 보내시기 바랍니다.

오늘도 책을 통해 기적을 경험하세요. 아자!!

034 행복이란?

'해적이 사랑한 인문학'에서 읽고 있는 『거절당하기 연습』에는, '워싱턴D.C를 웃게 하라'라는 프로젝트를 진행하고 있는, 아디푸르라는 젊은이의 이야기가 나옵니다. 그는 높은 연봉을 받는 컨설팅 회사를 그만두고, 매주 월요일 아침 번잡한 워싱턴D.C의 거리에서 긍정적인 메시지를 쓴 커다란 팻말을 들고, 지나가는 차를 향해 손을 흔듭니다.

그 팻말에는 "누군가를 사랑한다면 경적을 울리세요", "오늘 멋진 하루 되세요", "자신에게 모질게 굴지 말아요" 등 사람들을 미소 짓게 만드는 문구가 적혀 있습니다. 그는 행복은 돈으로 살 수 없다면서, 거절당하면 끔찍한 기분이 들지만 다른 사람을 행복하게 하다 보면 자신도 행복해진다며 거리에서 팻말 흔드는 일을 한다고 합니다.

각자가 느끼는 행복의 의미는 다 다르겠지요. 위에서 언급한 젊은이는 자기만의 행복의 의미를 찾은 듯합니다. '행복(幸福)'은 사전적으로 '복된 좋은 운수', '생활에서 충분한 만족과 기쁨을 느끼어 흐뭇함'으로 정의합니다. 하지만 규정된 언어로 정의할 수 없는 것이 '행복'입니다. '사랑'과 '아름다움'을 언어적으로 정의할 수 없듯이 말입니다. 앞서 말한 대로 각자가 갖는 행복의 정의가 다 달라서일까요? 아니면 행복이 무엇인지 알지 못해서일까요? 독서모임을 진행하면서 멤버들에게 가끔 질문해 봅니다.

'행복이 무엇이라고 생각하시나요?'

다양한 답들이 나옵니다. 지금 하는 일이 잘되었을 때, 목표를 성취했을 때, 가족들의 사랑을 느꼈을 때, 남에게 베풀었을 때, 타인을 배려했을 때, 마음을 비우고 잡념이 사라졌을 때, 아침에 일어날 때 등등. 이처럼 행복은 느끼는 사람에 따라 다양한 모습으로 나타납니다.

그런데 공통적으로 나타나는 모습이 있습니다. 바로 '내 만족'입니다. 어쩌면 행복은 자기만족이라고 할 수 있습니다. '행복'은 성공, 소확행, 화목함, 사랑, 배려 등등 다양하게 그 모습을 보이고 있지만 공통된 모습은 자기감정에 충실한 상태라고 할 수 있지 않을까요? 다른 사람을 행복하게 하는 일에서 행복을 느낀다는 사람도 거기에서 자기만족을 느끼지 못한다면 과연 행복이라고 느낄 수 있을까라는 생각이 들어서요. 제가 너무 이기적인가요?

오늘도 책을 통해 기적을 경험하세요. 아자!!!

035 내 곁에는 누가?

오늘의 질문

지금 여러분의 곁에는 누가 있나요?

『손정의: 300년 왕국의 야망』에서 손정의는 '동지적 결합은 금전적 결합보다 강하다'며 '동지적 결합'의 중요성을 강조합니다.

금전적 결합보다 더 중요한 것이 동지적 결합이라는 이 말에 과연 내 동지는 누가일까 생각해 봅니다. 내 곁에는 누가 있지? 일단 가족을 제외하고 생각해 봅니다. 친구가 있을 것이고 동료가 있습니다. 사업 파트너가 있습니다. 거래처 고객이 있습니다. 그들 중에는 밀접하게 관계를 맺고 있는 사람이 있는 반면 느슨한 유대감으로 형성된 사람도 있습니다. 그들 모두를 내 곁에 있는 사람으로 받아들일 수 있을까요? '곁에 있다'라는 표현은 함께한다는 의미가 큽니다. 상호 이해하고 지지한다는 뜻이 포함되어 있습니다. 그들은 나를 이해하고 지지하고 있는 걸까요?

누가 내 곁에 있는지 고민하다가 생각을 바꿉니다. 누군가 옆에 있어 주기만을 바라는 내 모습이 너무 이기적으로 보입니다. 과연 나는 그들에게 동지가 되는 사람인가를 먼저 따져봐야 했습니다. 나를 필요로 할 때 나는 그들 옆에 있었는지 생각합니다. 내가 누구의 동지가 되어 주려는 마음보다 누가 내 동지가 되어주기를 바라는 마음이 앞섰습니다. 손정의가 말하는 동지적 결합을 위해 나는 그들에게 무엇을 줘야 하나 고민이 많은 아침입니다.

오늘도 책을 통해 기적을 경험하세요. 아자!!!

036 내 생각은 어떻게 내 생각이 되었나?

오늘의 질문

지금 내 생각은 어떻게 내 생각이 되었을까요?

반쯤 읽다 덮어두었다가 다시 읽기 시작한 『생각에 관한 생각』에서 저자인 대니얼 카너먼은 사람은 자기가 무슨 생각을 하고 있는지 안다고 믿기 때문에 '지금 무슨 생각을 하고 있느냐'라는 질문에 쉽게 대답할 수 있을 거라고 생각한다고 말합니다. 하지만 머릿속에서는 항상 질서정연하게 의식적 사고가 이어지는 것은 아니기 때문에 대부분의 생각은 정확한 이유를 모르는 상태에서 발생한다고 하네요.

우리 대부분은 지금 내가 하는 생각을 능동적으로 만들어 낸 것이라고 받아들입니다. 하지만 대부분의 생각은 우리가 경험한 일에 의해 편향적으로 나타나는 경우가 많다고 합니다. 경험은 직접적인 것도 있지만 간접적인 것도 있습니다. 미디어에 의한 경험, 교육으로 인한 경험 등은 간접적 경험에 해당합니다. 이런 경험을 통해 인식된 것들을 내 생각으로 착각하는 경우가 있습니다. 이미 익숙해져 있기 때문에 내 생각이 아닐 수도 있다는 의심을 하지 않습니다.

과연 그 생각이 내 생각일까요? 만약 누군가에 의해 프로그래밍된 생각을 내 생각이라고 착각하는 경우가 많다면 누군가는 그것을 이용하려 들지 않을까요? 고급 자동차 광고에 성공한 사람의 프레임을 씌우는 것이나 교육을 통해 자본주의와 민주주의를 동일 개념으로 생각하게 만드는 것들이 바로 그런 모습이 아닐까요?

정말로 내 생각이 내가 만든 생각인지 알기 위해서는 모든 것에 '왜?'라는 질문을 해야 합니다. 그리고 의심하고 머릿속에 있는 생각을 돌아봐야 합니다. 그것이 사유이고 성찰입니다. 내 생각을 찾는 길, 쉽지만은 않은 길입니다.

어느새 4월입니다. 꽃은 피어 봄인데 마음은 아직 겨울을 보내고 있습니다. 이 상황이 길어질 것 같다는 암울한 소식들이 가득하지만 그래도 희망을 품는 하루를 보내시기 바랍니다.

오늘도 책을 통해 기적을 경험하세요. 아자!!!

037 벚꽃을 보는 소회?

오늘의 질문

혹시 벚꽃을 자세히 보신 적이 있으신가요?
보면서 어떤 생각을 해보셨나요?

제가 사는 동네는 경기 북부라서 이제 벚꽃이 피기 시작합니다. 연분홍빛 꽃망울을 머금고 막 피어오르는 벚나무를 바라보며 '참 수줍어한다'라는 생각을 했어요. 언제쯤 활짝 얼굴을 드러낼까 설레는 마음과 함께요. 그런데 수줍음도 잠시, 하루가 다르게 뽀얀 아기살 같은 꽃들이 피어오릅니다. 이제 곧 온통 세상을 하얗게 물들이고는 이른 봄, 따뜻한 날 내리는 눈처럼 그렇게 금방 사그라지겠죠? 사시사철 볼품없이 있다가 봄날 잠깐 자태를 뽐내고는 잊히는 존재라고 생각하니 안쓰럽습니다. 그러나 연분홍 꽃망울로 봄을 알리고, 마침내 활짝 피어나 겨우내 웅크렸던 우리의 마음을 밝게 열어주는 것만으로도 그 역할을 다했다고 생각하면 한편으로는 대견하기도 합니다.

어제 본 벚꽃을 떠올리며 이런저런 생각으로 아침을 시작하네요. 이런 기억들이 연상 기억이라고 하는 것인 모양입니다. 벚꽃을 보며 아기의 뽀얀 살을 기억해 내고, 봄이 빨리 끝나는 걸 생각하며 빨리 녹아 사라지는 눈을 생각했습니다. 그러다가 봄은 잊혀진 존재로 확장되었고, 대견함으로 승화되었습니다.

대니얼 카너먼은 『생각에 관한 생각』에서 연상 기억의 작동 방식에 대한 현재의 시각에 따르면 많은 일들이 동시에 일어난다고 했습니다. 그렇게 동시에 일어난 생각 중 몇 개만 의식 속에 남는다고 하네요. 대니얼 카너먼이 이야기한 '연상 기억의 작동'이 이런 기억의 확장을 이야기하는지는 모르겠지만 오늘 아침 여러 생각으로 뒤숭숭합니다. 봄타나 봐요.

오늘도 책을 통해 기적을 경험하세요. 아자!!!

038 주식, 도박?

오늘의 질문

주식은 도박인가요?

『불곰의 주식투자 불패공식』에서 저자인 불곰은 물을 주전자에 따르느냐 호리병에 따르느냐에 따라 모양이 바뀌듯이, 주식을 도박으로 접근하느냐, 주식으로 접근하느냐에 따라 그 성격이 달라진다고 합니다. 결국 자신의 선택에 달린 문제라고 하면서요.

이 책은 주식에 대한 개괄적인 지식을 쌓기에 딱 좋은 책입니다. 서두의 개론 부분도 좋고 후반부의 실전 사례도 좋습니다. 이 책을 읽으면서 주식에 대해 놓치고 있던 것들을 챙기게 되었습니다.

앞의 문장을 읽고 보니 정말 맞는 말이라는 생각이 듭니다. 물을 어디에 따르냐에 따라 모양이 바뀌듯이 주식은 어떻게 접근하느냐에 따라 얼굴을 바꿉니다. 내가 소중히 생각하고 어루만져 주면 천사의 얼굴로 나를 바라보기도 하고, 탐욕의 모습으로 다가가면 악마의 얼굴을 보이기도 합니다. 순식간에 바뀌는 모습에 적잖이 당황하기도 하죠. 어쩌면 주식은 거울 같은 것인지도 모르겠습니다. 나의 모습을 그대로 보여주는 거울이요.

여러분은 주식투자를 하시나요? 하신다면 도박의 성격이 강하신가요, 투자의 성격이 강하신가요? 물론 투자로 하신다는 분들이 많겠지요. 그래도 다시 생각해 보시기 바랍니다. 도박의 얼굴을 감추고 투자라는 가면을 쓰고 있지는 않은지요?

제가 그랬습니다. 아무것도 모른 채 도박하듯이 주식을 했습니다. 투자라는 허울 좋은 명분을 내세우고는 말이죠. 그렇게 한순간에 투자한 모든 돈이 날아갔습니다. 과거 호되게 당했던 때가 떠올라 오늘 질문이 섬뜩하네요. 이제 제 얼굴을 선하게 바꿀 때입니다. 나를 비추는 주식이라는 거울이 천사의 얼굴을 할 수 있도록요.

오늘도 책을 통해 기적을 경험하세요. 아자!!!

039 예상 가능한 주가?

오늘의 질문

주가는 예상 가능한 건가요?

'해적이 사랑한 인문학' 선정 도서인 『불곰의 주식투자 불패공식』에서는 주가는 예측 불가능하다며 '랜덤 워크 이론(random walk theory)'에 대해 이야기합니다. 주가는 술 취한 사람의 걸음걸이와 같다는 이론이라는 겁니다. 술 취한 사람의 걸음걸이를 예측할 수 있을까요? 주가도 마찬가지입니다. 과거의 주가는 오늘의 주가를 대신하지 않습니다.

여러분은 주가를 예상할 수 있습니까? 주식을 좀 해본 사람들은 이렇게 이야기합니다. "내가 이 주식 이 가격 될 줄 알았어. 아 그때 이 주식을 사는 건데." 또는 "내가 이야기했잖아, 이 가격 된다고. 그때 샀어야지!" 등등.

그런데 이 이야기를 할 때는 이미 지나간 주가에 대해 이야기하고 있다는 사실을 아십니까? 주가가 내려간다, 올라간다 정도의 변동 추이는 알 수 있겠죠. 하지만 정확한 주가는 예측할 수 없습니다. 만약 맞혔다고 하더라도 우연인 거지 확실한 근거로 예상할 수는 없습니다. 혹시 지금 보유하고 계신 주식의 내일 주가를 예상하실 수 있나요? 내려갈지 올라갈지도 예측하지 못하는 상황이 대부분일 겁니다.

우리는 주변에서 주식 전문가라는 사람들을 많이 봅니다. 그들은 대부분 미래의 주가를 예상할 수 있는 것처럼 이야기합니다. 증권사 애널리스트들도 마찬가지고요.

그런데 이 책에서 불곰은 미래의 주가를 예측한다는 것은 어불성설이라고 이야기하네요. 이동 평균선, 차트, 기술적 분석 등 과거 사실만 가지고 미래를 예측하는 것은 위험하다고까지 합니다. 전문가들조차 과거를 바탕으로 미래의 추이를 추측해 볼 수는 있지만 주가를 미리 예상할 수는 없습니다. 그럴 수 있다면 그 전문가들은 이미 천문학적인 부를 이루었을 겁니다.

전문가들의 조언을 조언으로만 받아들일 수 있는 지식과 용기가 필요합니다. 그러기 위해서는 제대로 된 정석 투자를 배워야 한다고 합니다. 주식투자로 돈을 벌고 싶으세요? 그러면 열심히 배워야 합니다. '이 주식이 이렇다더라'라는 정보에만 의지하지 마시고요. 주식투자로 돈을 잃고 싶지 않으시다면 방법이 있긴 합니다. 주식투자를 하지 않는 겁니다. 앞서 말했듯이 선택은 자신의 몫입니다.

오늘도 책을 통해 기적을 경험하세요. 아자!!!

040 리더의 역할?

오늘의 질문

리더란 어떤 역할을 하는 사람인가요?

『엘론 머스크, 대담한 도전』이라는 책에 리더란 어떤 역할을 해야 하는지 기준을 제시하는 내용이 있어서 공감하는 중입니다. 밝은 미래에 대한 희망을 주고, 그것을 사람들이 믿게 만드는 일을 하는 사람이 경영자라고 합니다. 경영자는 곧 리더입니다.

'리더'로서 갖춰야 할 덕목에는 어떤 것들이 있을까요? 책임감, 추진력, 카리스마, 결단력, 소통 능력, 통솔력, 이해력, 전문가 지식, 솔선수범, 포용력, 미래 예측 능력, 조직 장악력, 꿈을 꾸게 만드는 능력, 상호 신뢰 등등. 이렇게 나열하고 보니 리더는 거의 초인에 가까운 사람이어야 할 것 같습니다. 이 모든 걸 다 갖출 필요는 없겠지만 말이죠.

이런 능력 중에 가장 우선적인 걸 뽑으라면 여러분은 무엇을 선택하시겠어요? 저는 '신뢰'를 꼽고 싶습니다. '신뢰'란 믿는 것입니다. 리더가 멤버를 믿고 멤버가 리더를 믿어야 합니다. 상호 신뢰 없이 어떻게 함께 미래를 꿈꿀 수 있겠습니까? '미래가 올 거라고 믿게 만드는 능력'이 중요합니다.

경제학자 피터 드러커는 리더에게 주어진 역할은 "지금 필요한 것과 먼 장래에 필요할 것을 적절히 조화시키는 것"이라고 했습니다. 이 말을 저는 현실을 바탕으로 미래를 설계할 수 있어야 하는 것이 리더의 역할이라고 받아들였습니다.

그렇다면 리더는 현실을 기반으로 미래에 대한 희망을 주고 그 희망이 꼭 실현될 것이라는 확신을 주는 사람이라고 할 수 있겠습니다. 확신을 주기 위해서 필요한 것도 역시 신뢰입니다. 그래서 제가 정의하는 리더의 역할은 '함께하는 사람들을 신뢰하고 그들에게 신뢰를 주는 것'입니다. 여러분의 생각은 어떠세요?

오늘도 책을 통해 기적을 경험하세요. 아자!!!

041 창의적이란?

오늘의 질문

창의적이라는 것은 어떤 의미일까요?

『엘론 머스크, 대담한 도전』에서 엘론 머스크는 아이디어를 떠올리는 것보다 아이디어를 실행하는 것이 백 배, 천 배 더 어렵다고 말합니다. 그러면서 그에게 있어서 일은 곧 크리에이티브(creative)이고 사랑(love)이라고 합니다.

이 글을 읽고 '크리에이티브(creative)하다' 또는 '창의적(創意的)이다'라는 말에 대해 생각해 보았습니다. '창의(創意)'의 사전적 의미는 '새로운 의견을 생각하여 냄'입니다. 그래서 아이디어가 뛰어난 사람에게 창의적이라는 표현을 씁니다.

하지만 훌륭한 아이디어가 그냥 아이디어로만 사장되어 버린다면 과연 우리는 그것을 '창의적'이라고 할 수 있을까요? 실현되지 않은 아이디어는 존재의 의미가 없습니다. 그냥 허상이나 공상에 불과할 뿐입니다.

엘론 머스크는 전기 자동차, 민간 우주산업 등에서 남들이 불가능하다고 하는 선입견을 깨뜨리며 새로운 길을 열어왔습니다. 월터 아이작슨은 엘론 머스크에게 "그는 진정 전 세계에서 가장 창의적인 사람이다"라고까지 합니다.

그가 해온 사업의 원천 아이디어는 그의 아이디어가 아니었습니다. 전기 자동차도 이미 개발된 기술이고 우주산업도 국가적인 차원에서 활발하게 진행되던 사업이었습니다. 그는 기존의 방식을 조금 바꿔 현실적이고 실현 가능한 것으로 만들었을 뿐입니다.

이런 그가 어떻게 세계에서 가장 창의적인 사람이라는 찬사를 받을 수 있을까요? 바로 실행력 덕입니다. 실패와 도전을 두려워하지 않은 불굴의 의지와 실행력이 그를 최고로 창의적인 사람으로 만들었습니다. 아이디어를 빛내 줄 실행력이 없었다면 그가 진행한 모든 사업도 그의 공상으로 끝나지 않았을까요?

혹시 기발한 아이디어가 있으신가요? 그럼 바로 실행에 옮겨보세요. 아이디어보다 실행이 먼저일지 모릅니다.

오늘도 책을 통해 기적을 경험하세요. 아자!!!

042 무의식이란?

오늘의 질문

무의식이란 무엇일까요?

『더 해빙』에서는 "인간의 생애는 무의식의 자기실현의 역사다. 무의식에 있는 모든 것은 삶의 사건이 되고 밖의 현상으로 나타난다"고 했던 심리학자 칼 융의 말을 인용하며 무의식은 우리가 꿈꾸는 모든 것을 이뤄줄 수 있다고 합니다.

정말일까요? 일반적으로 무의식을 이야기할 때는 빙산에 비유를 많이 합니다. 표면에 떠올라 있는 부분이 의식이고 표면 밑에 잠겨 있는 부분이 무의식 또는 잠재의식이죠. 무의식은 의식에 비해 훨씬 크지만 깊숙이 잠겨 있어 보이지 않습니다. 이런 무의식이 의식을 지배한다고 합니다. 의식적인 행동이라고 생각하지만 결국 무의식에 의해 조종당하고 있는 겁니다. 그렇다면 어떻게든 무의식을 긍정적으로 바꿔놓을 필요가 있습니다.

생각해 보니 제 무의식 속에는 부정적인 생각이 많았어요. '설마 내가 할 수 있겠어?', '설마 내가 가질 수 있겠어?' 이런 생각들이 무의식

속에서 떠오르면서 저를 주춤하게 했던 경우가 많았습니다. 그런 순간들이 모여 결국 지금의 저를 만들지 않았을까요?

이제부터는 의도적으로 연습을 합니다. '나는 뭐든 할 수 있다!', '나는 뭐든 가질 수 있다!' 이렇게요. 마음속으로라도 외치고 나면 한결 편안해집니다. 그리고 자신감이 생깁니다. 이것이 선언의 힘입니다. 무의식을 바꾸는 힘이기도 하구요. 여러분도 같이 해보지 않으실래요?

오늘도 책을 통해 기적을 경험하세요. 아자!!!

043 지금 나를 지배하는 감정은?

오늘의 질문

지금 당신을 지배하고 있는 감정은 무엇인가요?

『네 안에 잠든 거인을 깨워라』에서는 '감정을 바꾸면 인생이 바뀐다'면서 우리는 지금의 감정 상태를 언제든지 바꿀 수 있다고 합니다. 최악의 상황에 초점을 맞추지 말고 미래에 다가올 최고의 상황에 초점을 맞추라고 합니다.

어제 말씀드렸던 '무의식을 어떻게 바꿀 것인가'와도 일맥상통하는 문구입니다. 여러 책을 읽다 보면 이렇게 연결되는 지점이 있습니다. 이런 연결이 우리의 사고를 확장시킵니다.

아무튼 지금 당신을 지배하고 있는 감정이 부정적이라면 인생 최고의 상황에 초점을 맞춰 생각해 보세요. 잠시 눈을 감고 그 상황을 떠올리며 호흡을 조절하는 것만으로도 훨씬 기분이 좋아질 겁니다. 최고의 상황을 떠올리는 데에 집중해야 합니다. 그 상황을 이루는 과정은 생각할 필요가 없습니다. 과정을 생각하면 '내가 정말 그 상황에 도달할 수 있겠어?'라는 부정적인 생각도 따라옵니다. 최고의 상황에 집중할 수 없습니다. 과정은 생략하고 최고의 상황에만 집중하는 것이 중요합니다.

요즘 제가 그렇게 하고 있습니다. 과정을 생략하고 최고의 순간에 초점을 맞춰 상상합니다. 명상이라고 해도 좋습니다. 그러고 나면 기분이 좋아지고 자신감이 생깁니다. 여러분도 해보세요. 오늘 중 언제든, 어디에서든 1분, 아니 30초의 시간만이라도 내보세요. 그 시간이 여러분의 인생을 바꿀 수 있습니다.

오늘도 책을 통해 기적을 경험하세요. 아자!!!

044 영혼의 목소리?

오늘의 질문

자신의 내면에서 울리는 영혼의 목소리를 들어보신 적이 있나요?

용기를 내 영혼의 목소리를 따라라. 여러분은 이미 자신이 무엇을 원하는지 알고 있다.

『스티브 잡스 무한 혁신의 비밀』에 나오는 스티브 잡스의 목소리입니다.

스티브 잡스는 대학을 중퇴하고 18개월 정도 히피처럼 살았다고 합니다. 겉보기에는 참 힘든 삶이었지만 그는 그 시절이 가장 좋았다고 하네요. 그 이유는 내면의 목소리에 귀를 기울일 수 있었고, 언젠가는 자신이 가야 할 길을 찾을 수 있을 거라고 믿고 있었기 때문이랍니다. 그러고는 '성공의 비밀은 자신이 좋아하는 일을 하는 것이다!'라고 말합니다.

저는 아직 영혼의 목소리를 정확히 듣지는 못했어요. '자신이 무엇을 원하는지 알고 있다'고 했는데 내가 무엇을 원하는지 아직 알지 못합니다. 이는 나를 향한 내 목소리에 귀 기울이지 않아서입니다. 내 목소리를 듣기 전에 남의 목소리를 먼저 듣습니다. 남의 이야기에 내 목소리가 묻혀버려 점점 더 깊이 숨고 맙니다. 다시 찾으려니 어디에 숨겨두었는지도 모를 정도가 됐습니다.

우리 속에는 마음과 영혼이 있다고 합니다. 영혼은 관습을 타파하고 싶습니다. 남의 이목에 휘둘리고 싶지 않습니다. 내면 깊숙한 곳에서 외치는 목소리에 따라 삶을 살고 싶습니다. 하지만 마음이 이를 통제합니다. 마음은 남의 목소리에 신경을 많이 씁니다. 영혼을 통제하려고 합니다. 영혼이 하려는 일에 딴지를 놓기 일쑤입니다. 규정과 제도를 들먹이고 남의 이목을 앞세웁니다. 결국 영혼은 마음에 굴복하고 자신의 목소리를 감춥니다.

영혼의 목소리를 깨워내야 마음이 앞서는 불균형을 해소할 수 있습니다. 마음과 영혼이 일치되어야 진정 나를 발견할 수 있습니다. 그래야 내가 원하는 삶을 살 수 있습니다.

그래서 저는 제 영혼의 목소리를 듣기 위해 매일 새벽 저와 마주합니다. 계속 귀 기울이다 보면 언젠가는 목소리를 들을 수 있겠죠? 내면에 울리는 영혼의 목소리에 귀 기울여보세요. 당신의 삶을 새롭게 바꿔줄 겁니다.

오늘도 책을 통해 기적을 경험하세요. 아자!!!

045 자신만의 원칙?

오늘의 질문

여러분은 자신만의 원칙이 있으신가요?

『원칙』에서 저자 레이 달리오는 인생에서 원하는 것을 얻도록 만드는 근본적인 진리는 '원칙'이라고 합니다. 이런 원칙들은 목표 달성을 위해 반복적으로 적용될 수 있는 것이기 때문에 자신만의 목표 달성을 위해 그에 맞는 원칙을 정해야 한다고도 합니다.

전에 읽었을 때는 서문에 있는 내용인데도 그냥 지나쳤나 봅니다. 이번에는 목적을 가지고 읽으니 눈에 확 들어오네요. 이 글을 읽으면서 문득 거친 파도를 헤치며 항구로 들어오는 배가 떠올랐습니다.

폭풍우 속에서도 험난한 파도를 넘어 계속 배가 항해할 수 있는 것은 도달해야 할 항구가 있기 때문입니다. 배가 도달해야 할 궁극적인 목적지는 항구입니다. 항구는 배가 가야 할 방향을 잡아주는 역할을 합니다. 삶도 마찬가지라는 생각이 들었습니다. 원칙은 삶이 가야 할 방향을 잡아주는 조타수의 역할을 합니다.

내 삶의 항해를 훌륭히 마무리하고 항구에 정착해 편안한 자유를 누리려면 내 삶을 이끌어갈 '원칙'이 필요하겠지요. 저는 '무조건 바로 실행하자'라는 원칙을 만들어서 실천 중입니다. '공선생의 굿모닝 북모닝'도 그 일환으로 계속하는 거고요. 이 원칙을 지켜나가다 보면 언젠가는 나만의 항구에 도달할 수 있겠죠.

'원칙'이 없다면 이제 만들어보세요. '원칙'이 있다면 흔들리지 말고 앞으로 나아가세요. 여러분의 배를 정박할 항구가 여러분을 기다리고 있습니다.

오늘도 책을 통해 기적을 경험하세요. 아자!!!

046 건강한 생활을 위해?

오늘의 질문

여러분은 건강한 생활을 위해 무엇을 하고 계시나요?

『타이탄의 도구들』에서는 건강한 사람들의 성향에 대해 이렇게 이야기합니다.

매사에 주도적인 사람은 이미 일상에서 다양한 성취감을 맛보았기 때문에 다른 사람들보다 더 빨리, 더 멀리, 더 높이 뛸 수 있는 가능성이 크다고 합니다. 그리고 성취감은 중독성이 강하기 때문에 다른 사람들보다 오래 운동할 확률도 높다고 하네요.

건강한 생활이라고 하면 보통은 운동을 떠올립니다. 그런데 책에서는 운동에만 국한하지 않고 명상, 잠시 생각을 쉬는 것, 아무것도 하지 않는 즐거움 등 다양한 방법을 소개합니다.

저도 건강한 생활을 위해 많은 것을 했습니다. 명상과 식이요법을 했습니다. 과일 중심 식단, 1일 1식, 절제된 식사 등 많은 방법을 시도했었죠. '죄수운동법'이라는 운동도 잠시 했었어요. 기구에 의존하지 않고 맨몸으로 하는 운동법입니다. 죄수들이 좁은 감방에서 할 수 있는 운동을 바탕으로 발전시킨 운동이라고 합니다. 열심히 운동하는 영상을 SNS에 올리기도 했습니다.

그러고 보니 실천했던 방법들이 전부 책에서 배운 것들입니다. 책을 보다가 호기심이 발동하면 바로 실행하고 또 다른 책에서 방법을 발견하면 그 방법을 따라 하고… 책을 많이 읽는 것이 문제인지, 지속력의 부족이 문제인지 모르겠습니다.

지금은 명상만 하고 있습니다. 뭐든 지속하는 것이 중요한데 말이죠. 요즘 부쩍 늘어난 뱃살을 줄이기 위해 식이요법과 죄수운동을 다시 시작해야겠어요. 건강한 생활을 위해 여러분은 오늘부터 무엇을 시작하실 건가요?

오늘도 책을 통해 기적을 경험하세요. 아자!!!

047 기도?

오늘의 질문

여러분은 기도를 하시나요?

『우리는 고독할 기회가 적기 때문에 외롭다』에서 김규항은 기도하지 않아도 좋은 사람은 없다고 합니다. 기도조차 하지 않는 사람이 다른 사람을 위해 또는 세상을 위해 무언가를 한다는 것은 위험하거나 선부르다고 하면서 말이죠.

기도는 종교적 행위라고 제한하고 싶지 않습니다. 절박한 상황에 빠지거나, 감사한 일이 생겼을 때나, 더 이상 내가 어찌할 수 없는 상황에 빠졌을 때 나도 모르게 기도를 하는 경우가 있습니다. 절대자의 능력에 나를 맡기는 거죠. 이는 간절함입니다. 나를 넘어서는 능력에 대한 의지이기도 합니다.

저는 아침에 일어나면 '향심기도'라는 것을 합니다. 명상과 기도가 결합한 형태라고 보면 쉬울 것 같습니다. 떠오르는 잡생각을 흘러가게 놓아둔 채 모든 것을 맡기고 고요히 절대자를 향합니다. 그렇게 하고 나면 마음이 평안해집니다. 기도의 힘입니다. 내가 먼저 정화되어야 감사하는 마음과 세상을 향한 마음이 생깁니다. 김규항 작가의 말이 마음에 와닿는 아침입니다.

오늘도 책을 통해 기적을 경험하세요. 아자!!!

048 두 갈래의 길?

오늘의 질문

두 갈래 길이 있습니다. 남을 따라가는 길과 나 홀로 가는 길입니다.

여러분은 어느 길을 선택하며 오셨나요?

『불곰의 주식투자 불패공식』에서 산에서든 삶에서든 남 엉덩이만 따라가선 안 된다는 글을 읽었습니다. 문득 프로스트의 「가지 않은 길」이라는 시가 떠오르네요.

단풍 든 숲 속에 두 갈래 길이 있었습니다
(중략)
숲 속에 두 갈래 길이 있었고, 나는…
사람이 적게 간 길을 택하였다고,
그리고 그것 때문에 모든 것이 달라졌다고.

이 시에서 시인은 두 길을 동시에 가지 못하는 걸 안타까워하며 한참을 서서 고민합니다. 그러고는 발자국이 나지 않은 길을 선택합니다. 삶은 선택의 연속이죠. 선택의 순간 시인처럼 갈림길 앞에 서서 진지하게 고민했었는지 돌이켜봅니다.

생각해 보니 남들의 엉덩이만 보고 따라가느라 갈림길이 있었다는 것도 모르고 지나왔습니다. 어느 순간 눈을 들어보니 앞사람이 사라졌습니다. 그리고 갈림길이 나타났습니다. 어디로 가야 할지 몰라 한참을 서성거렸습니다. 그러다가 남들이 가지 않은 길을 택했습니다. 새로운 길을 가보려고요.

사람들이 잘 다니지 않아 울퉁불퉁 험한 길이기는 하지만 흥미로운 길입니다. 멀리 끝이 잘 보이지 않아 두렵기는 하지만 호기심이 가득한 길입니다. 오늘도 저는 그 길 위에 섭니다. 내 선택이 틀리지 않았다는 믿음을 주입하면서 말이죠. 새로운 한 주가 시작되는 오늘, 여러분은 어떤 길을 가시나요?

오늘도 책을 통해 기적을 경험하세요. 아자!!!

049 나만의 성공 공식?

오늘의 질문

여러분은 자신만의 성공 공식이 있나요?

'해적이 사랑한 인문학' 선정 도서인 『4시간』(개정판: 『나는 4시간만 일한다』)에서 팀 페리스는 성공의 공식은 알려줄 수 없지만 실패하기 위한 공식은 알려줄 수 있다고 하면서, 실패의 공식은 언제나 모든 사람을 기쁘게 하려고 노력하는 것이라고 합니다.

이 책의 저자 팀 페리스는 하루 14시간을 일하고 4만 달러밖에 못 벌던 생활을 일주일에 4시간 일하고 한 달에 4만 달러를 버는 생활로 바꿨습니다. 자유로운 삶을 살기 위해 그는 성공 공식을 바꿨습니다. 100만 달러를 벌고 나서 백만장자의 삶을 사는 것이 아니라 100만 달러를 가지지 않고도 자유로운 백만장자의 라이프 스타일을 누리자고 말이죠. 그리고 실행에 옮겼고 그렇게 살고 있습니다. 물론 이 방법이 무조건 맞는다고 할 수는 없습니다. 자신만의 다른 방법들이 있을 테니까요.

그런데 혹시나 지금 누릴 수 있는 행복을 미래로 미루면서 일에 치인 삶을 살고 있다면 한번 돌아볼 필요는 있습니다. 정작 중요한 것이 무엇인지 놓치고 사는 건 아닌지 말이죠.

문장에 있는 이 문구가 마음을 사로잡습니다. '언제나 모든 사람을 기쁘게 하려고 노력하는 것!' 이것이 실패를 위한 공식이라는 점에 공감합니다. 모든 사람을 기쁘게 할 수는 없습니다. 나 혼자만을 기쁘게 하기도 버거운 상황에 모든 사람을 기쁘게 할 수 있을까요? 독불장군, 유아독존의 길이라고 비난받을 수도 있지만 내가 중심이 되어야 합니다. 나를 뺀 타인이 의미가 있을까요?

이미 성공한 사람들의 성공 방식은 너무도 많습니다. 그 수많은 방법을 따라 한들 성공할 수 있습니까? 전혀 그렇지 않습니다. 초기에는 모방하고 답습하며 방향을 잡을 수는 있겠지요. 그러다가 나와 맞지 않은 부분을 수정하고 발전시키면서 내 방법을 찾아야 하는 겁니다. 그대로 답습해서는 성공할 수 없습니다.

성공 방식을 말하는 성공한 사람들의 방법도 결국은 자신만의 방법입니다. 나만의 방법을 찾는 것! 이것이 성공의 지름길입니다.

오늘도 책을 통해 기적을 경험하세요. 아자!!!

050 낙관론과 비관론?

오늘의 질문

여러분은 낙관론자이신가요 비관론자이신가요?

계속 읽고 있는 『4시간』에서 팀 페리스는 비관론자든 낙관론자든 모두의 경우에 결국 아무 일도 일어나지 않는다고 합니다. 희망이 없다는 좌절과, 어떻게든 잘될 거라는 믿음 사이에 공존하는 '뭘 하든 상관 말라'는 생각 때문이라는 겁니다.

새로운 일을 시도하거나 미래를 계획할 때 우리는 설렘과 함께 두려움을 느낍니다. 잘되리라는 낙관적 희망으로 마음을 추슬러 보지만 실패와 거절에 대한 두려움은 어쩔 수 없습니다. 그럴 때는 차라리 최악의 상황을 상상해 보는 것도 방법입니다.

낙관적인 생각으로 두려움을 덮으려고만 하지 말고 두려운 상황이 실제로 발생하면 어떻게 될지 하나씩 생각해 보는 거죠. 그러다 보면 의외로 상상하는 것만큼 심각하지 않다는 걸 발견하게 됩니다. 중요한 건 낙관적이든 비관적이든 우리가 생각하는 두려운 상황은 잘 일어나지 않는다는 사실입니다.

'인생불만백 상회천세우(人生不滿百 常懷千歲憂)'라고 했습니다. '인생은 백 년도 채우지 못하는데 언제나 천년의 근심을 품고 있다'라는 뜻이죠. 일어나지도 않을 두려움과 근심에 사로잡혀 있지 마세요. 이 문장이 의미하는 것은 낙관론자인가 비관론자인가가 중요하지 않다는 겁니다. 중요한 것은 실행이라는 겁니다.

비관론이냐 낙관론이냐를 생각할 시간에 움직이세요. 뛰어난 사람들은 '행동'을 가장 즐겨 한답니다.

오늘도 책을 통해 기적을 경험하세요. 아자!!!

051 이기(利己)와 이타(利他)?

오늘의 질문

이기(利己)와 이타(利他)는 어떻게 구분하는 걸까요?

리처드 도킨스의 『이기적 유전자』에서는 이타주의를 이렇게 해석하기도 합니다.

이기적으로 행동하는 인간이 이타적인 행동을 할 때는 존경받고 칭찬을 받습니다. 그런데 이타적이라는 행동이 집단의 이기주의를 만날 때는 그 의미가 달라진다고 합니다. 노동조합의 기본 원리가 그렇고, 자국의 영광을 위해 젊은이들의 목숨을 바치게 하는 국가의 경우에도 마찬가지라고 합니다. 국가를 위해 희생하는 젊은이들은 전쟁 상대국의 타인을 살상하도록 훈련받습니다. 국가는 젊은이들의 이타적인 희생에서 이익을 얻는 집단이기 때문입니다. 결국 이타주의가 집단 이기주의에 의해 의미가 퇴색되는 건가요?

이기와 이타가 상반된 개념이기는 하나 관점과 범위에 따라 어떻게 받아들여야 할지 혼란스럽습니다. 리처드 도킨스는 이기가 이타를 포함하는 개념으로 설명하고 있는 것 같습니다. 이기를 감추기 위해 이타를 내세우는 겁니다. 결국은 이기로 회귀한다는 건데 이것이 인간의 본능인지, 유전자가 이기적이기 때문에 인간을 그렇게 조종하는 것인지는 모르겠습니다.

생존을 위해 이타적인 모습으로 가장해야 하는 것은 인간을 포함한 자연계에서는 자연스러운 현상입니다. 화려한 모습과 달콤한 꿀로 벌을 유인하는 꽃의 목적은 벌의 생존에 있지 않습니다. 자발적으로 확산시킬 수 없는 자신의 유전자를 보다 널리 퍼뜨리기 위한 종족 번식의 본능에 있습니다.

타인을 배려하고 사랑하는 인간의 이타적인 모습도 이기적인 목적이 더 크다고 합니다. 이타적인 모습이 짝을 찾는 상대방에게 더 매혹적인 모습으로 비칠 것이고 그것이 종족 번식에 유리하기 때문에 이타적인 모습을 선호한다는 겁니다.

이것도 우월한 번식을 목적으로 하는 유전자에 의해 조종된다는 것이 리처드 도킨스의 주장인데요. 인간은 '생존을 위해 이기적으로 발전할 수밖에 없는 유전자, 즉 DNA라고 불리는 분자를 위한 생존 기계'라고 주장하는 리처드 도킨스의 이야기를 아직 이해하기는 힘듭니다. 책을 다 읽으면 무지에서 깨어날 수 있을까요? 내용이 쉽진 않지만 배워가는 재미가 있네요.

오늘도 책을 통해 기적을 경험하세요. 아자!!!

052 나는 구체적으로 무엇을 원하는가?

오늘의 질문

여러분은 자신이 구체적으로 무엇을 원하는지 아시나요?

『4시간』에서 팀 페리스는 대부분의 사람들은 자신이 무엇을 원하는지 전혀 알지 못한다고 합니다. 이는 결국 구체성의 문제입니다. '무엇을 원하느냐'라는 질문에 의미 있고 실행력 있는 답을 할 수 없다면 그 질문에 대해 구체적으로 생각해 보지 않은 겁니다.

우리 대부분은 무엇을 원하느냐는 질문에 답을 하지 못합니다. 저도 그렇습니다. 부자가 되고 싶다고 말하지만 구체적으로 어떤 부자가 되려는지 알지 못합니다. 행복을 원하지만 어떤 모습의 행복인지 모호합니다. 그저 막연히 뭔가를 원한다고 이야기할 뿐이죠. 막상 부자가 되고, 행복이 와도 그것이 내가 원하던 것인지 아닌지 잘 모르게 됩니다. 정확한 모습을 그려보지 않았기 때문이죠.

저자도 그래서 '구체성의 문제'라고 언급했습니다. 구체적으로 무엇을 원하는지 그려봐야 합니다. 구체적인 것이 떠오르지 않는다면 연습이 필요합니다. 오늘 하루를 어떻게 보낼 것인지 구체적으로 그려보는 연습 말이죠. 별생각 없이 똑같은 하루를 보내는 것보다는 하루가 훨씬 의미 있게 다가올 겁니다. 그런 하루가 쌓이면 막연하게 느껴지는 삶이 좀 더 확실한 모습으로 다가오지 않을까요?

북금입니다. 책을 읽으며 밤을 채우는 날입니다. 설레지 않으신가요?

오늘도 책을 통해 기적을 경험하세요. 아자!!!

053 지금 무엇을 하고 있나?

오늘의 질문

오로지 지금 하고 있는 일에만 집중하고 계시나요?

『4시간』을 읽다가 문득 생각이 난 질문입니다.

우리는 지금 멀티태스킹의 시대에 살고 있습니다. 컴퓨터 모니터에는 업무 작업 창과 인터넷 검색 창, 여러 개의 카카오톡 대화 창이 동시에 떠 있습니다. 업무를 하며 눈으로는 인터넷을 검색하고, SNS를 보고, 카카오톡 대화에 일일이 답을 합니다. 친구와 대화하면서 핸드폰을 보고, TV를 보면서 유튜브를 검색합니다. 헬스장 러닝머신 위를 뛰면서 모니터 화면에 빠집니다.

어느 한 곳에 집중하지 못하는 시대를 살고 있습니다. 잠시도 가만히 있지 못합니다. 엘리베이터를 기다리거나 타고 있는 잠깐의 시간도 견디지 못해 바로 핸드폰을 꺼내 듭니다. 아무것도 하지 않고 있는 걸 시간 낭비라고 생각하는 거죠. 뭐든 해야 바쁘게 사는 것 같으니까요. 정말 그렇게 바쁜가요? 오늘은 잠시 바쁜 마음을 내려놓고 이렇게 보내보면 어떨까요?

오로지 먹는 것에만 집중해 보세요. 천천히 씹으면서 음식의 맛을 음미해 보세요. 오로지 마시는 것에만 집중해 보세요. 커피 향을 깊이 맡은 후 한 모금 머금어 맛을 느껴보세요. 오로지 걷는 것에만 집중해 보세요. 발바닥에 닿는 감촉을 느끼면서 천천히 걸어보세요. 오로지 대화를 나누는 것에만 집중해 보세요. 상대방의 눈을 바라보며 그가 무슨 말을 하는지 주의 깊게 들어보세요. 오로지 책을 읽는 것에만 집중해 보세요. 방해하지 못하도록 핸드폰을 끄고 말이죠. 오로지 바람에만 집중해 보세요. 나를 간지럽히는 감촉을 느끼며 온몸으로 스쳐 가는 바람을 느껴보세요.

오로지 아무것도 하지 않는 것에 집중해 보세요. 그냥 아무것도 하지 않고 가만히 있어 보세요. 눈을 감아도 좋고 눈을 떠도 좋아요. 그냥 멍하게 말이죠. 지금 이 순간에만 집중하는 거예요. 그러면 생생하게 살아 있는 나를 느낄 수 있어요. 오늘은 이렇게 나를 찾으면 좋겠어요. 내가 잊고 있던 나를 말이죠.

오늘도 책을 통해 기적을 경험하세요. 아자!!!

054 오늘 해야 할 가장 중요한 일은?

오늘의 질문

오늘 해야 할 일 중 가장 중요한 일은 무엇인가요?

『파워 오브 레스』라는 책에서는 단순화의 단계를 다음과 같이 두 단계로 요약해서 설명합니다. 1) 핵심을 간파한다 2) 나머지는 제거한다. 그러고는 오늘의 포커스가 될 '가장 중요한 과제' 딱 세 가지를 골라서 제일 먼저 처리하라고 합니다. 다른 과제에 앞서서 이 세 가지는 반드시 처리해야 한다는 거죠.

오늘 해야 할 일을 떠올려보세요. 많은 일이 있을 겁니다. 그중에 가장 중요한 것은 무엇입니까? 세 가지만 정해보세요. 오늘 꼭 해야 하는 세 가지를 정해보세요. 저자는 매일 이렇게 세 가지를 정하지만 본인에게 맞게 가짓수는 정하면 될 것 같네요.

저는 오늘 해야 할 중요한 세 가지를 꼽자면 다음과 같습니다.

1. 책 원고 마무리
2. 회사 월말 결산
3. '엔젤 클럽' 미팅 참석

물론 이 외에 다른 일도 있지만 이보다는 덜 중요한 일입니다. 이렇게 세 가지를 정리하고 나니 왠지 오늘 하루가 여유로울 것 같네요. 중요한 세 가지만 하면 나머지는 크게 힘을 쓰지 않아도 되는 일이니까요. 한 해의 1/3이 마무리되는 시점입니다. 나머지 2/3를 위해 내가 어디에 초점을 맞추며 삶을 살고 있는지 돌아보며 방향을 수정해 보는 것도 좋을 것 같네요.

오늘도 책을 통해 기적을 경험하세요. 아자!!!

055 부자란?

오늘의 질문

부자(富者)란 어떤 사람을 말하는 걸까요?

연휴 기간 동안 지금 쓰고 있는 책(『돈을 부르는 작은 습관』) 퇴고를 했습니다. 퇴고하면서 '부자란 어떤 사람을 말하는 것인가?'라는 의문이 떠올랐어요. '돈이 많으면 부자인가? 돈은 많지 않아도 자기 생활에 만족하는 사람이 부자인가? 경제적 자유를 누리는 사람이 부자인가? 그러면 경제적 자유란 무엇을 말하는 거지?' 의문이 꼬리에 꼬리를 물더군요.

사전을 찾아보니 부자는 '재물이 많아 살림이 넉넉한 사람'이라고 되어 있습니다. 다시 '부유할 부(富)' 자를 쪼개보면 '집(宀)이 가득하다(畐)'라고 해석할 수 있습니다. 가득할 복(畐)자는 항아리에 술과 물건이 가득 찬 모습을 그린 것이라는데, 술과 물건이 가득 찬 항아리가 집에 가득하면 부(富)를 이룬 것이라고 할 수 있겠네요.

항아리만 가득 차면 부자인가요? 이 항아리를 무엇으로 채우느냐가 중요하다는 생각이 듭니다. 재물이 우선일 수 있겠으나 그 재물이 어떻게 형성된 건지, 어떤 성격의 것인지가 중요할 수도 있겠고요. 재물이 아닌 다른 것으로 채워질 수도 있다는 생각이 듭니다. 재능일 수도 있고, 명성이나 권력, 인품이나 지혜가 될 수도 있겠죠. 이제 항아리를 무엇으로 채울 것인가가 고민입니다. 일단 재물로 반쯤 채우고 나머지는 지혜로 채우고 싶은 욕심이 있는데 뜻대로 될지는 모르겠습니다. 지혜가 가득하면 돈이 차지할 자리가 줄어들지도 모를 일이네요. 부자가 되기 위해 여러분은 무엇을 채우실 건가요?

오늘도 책을 통해 기적을 경험하세요. 아자!!!

PART 3

멍청이들을 너무 많이 채용하면 당신도 멍청이가 된다.

여름

056 오늘 어떤 책을 읽으시나요?

오늘의 질문

오늘은 어떤 책을 읽으시나요?

그동안 많이 드렸던 질문인데요. 새로운 달을 시작하는 오늘 다시 하고 싶은 질문입니다. 오늘은 어떤 책을 읽으시나요?

저는 지난 금요일과 주말에 걸쳐 『인간 본성의 법칙』을 다 읽겠다는 당찬 계획을 실천하지 못하고 말았습니다. 여러 핑계가 있겠지만 결국 게으름의 결과입니다. 그래서 계속 『인간 본성의 법칙』을 읽을 것이고 또 한 권은 『파워 오브 레스』라는 책을 읽습니다. 전에 소개했던 책입니다. 저희 독서모임의 필독서로 선정되어 다시 읽습니다.

이 책의 핵심은 '덜어내기'입니다. 우리는 자꾸 뭔가를 채우려고만 합니다. 열심히 살고 바쁘게 살아야 한다는 프레임에 갇혀 있기 때문입니다. 일뿐만이 아니라 먹는 것도 마찬가지입니다. 배고프지 않은데 먹습니다. 매일 세끼를 습관처럼 먹습니다. 허기진 마음을 일과 음식으로 채우는 건 아닌지 생각해 봅니다. 아무튼 『승자의 다이어리는 가볍다!』라는 책의 메시지처럼 무엇을 덜어낼지 고민해 보는 하루가 되시기를 바랍니다.

오늘도 책을 통해 기적을 경험하세요. 아자!!!

057 당신의 매력은?

오늘의 질문

당신은 어떤 매력을 가지고 계신가요?

'Chanel No.5'라는 향수로 유명한 가브리엘 샤넬(코코 샤넬)은 어릴 때 어머니가 돌아가신 후 아버지에게 버림받아 수녀원에서 성장했습니다. 그런 샤넬의 마음속에는 화려한 무대 위에서 사는 꿈이 있었습니다. 그래서 그녀는 남들과는 다른 그녀의 매력을 드러냈습니다. 바로 중성적인 매력이었는데요, 아름답고 우아해야 하는 당시의 여성상을 깨뜨리고 남성적인 매력을 덧입힌 모자와 패션으로 주위의 이목을 끌고 대대적인 성공을 이뤘습니다.

샤넬은 굴곡 없는 몸매에 소년 같은 외모였습니다. 프랑스의 상류층에서 화려하게 성공하고 싶었던 샤넬에게는 도움이 되지 못하는 외모였죠. 하지만 샤넬은 자신의 외모에 맞는 패션을 창조함으로써 프랑스는 물론 세계적으로 유명한 패션 디자이너가 되었습니다.

매력은 바로 이런 것입니다. 어떻게 보면 단점이라고 생각될 수 있는 것을 본인만의 개성으로 만들어 내는 것. 예쁘거나 멋지다는 것과는 또 다른 무엇!

당신은 단점이라고 생각하지만 남들이 보기에는 매력이 될 수 있습니다. 남의 떡이 커 보이는 이치입니다. 책에서는 '남의 집 잔디 신드롬'이라고 하더군요. 남의 집 잔디가 항상 더 푸르게 보인다는 뜻입니다. 그럼 타인의 입장으로 시선을 돌리면 내 집 잔디가 더 푸르게 보인다는 것 아닌가요?

어떻게 바라보느냐에 따라 단점이 될 수도 있고 매력이 될 수도 있습니다. 저도 내 시선이 아닌 타인의 시선으로 저를 스캔해 봐야겠어요. 저도 모르는 매력을 발견할지도 모르겠네요. 여러분도 천천히 당신의 매력을 찾아보는 하루가 되시기를 바랍니다.

오늘도 책을 통해 기적을 경험하세요. 아자!!!

058 정독과 다독?

오늘의 질문

정독과 다독 중 어떤 스타일의 독서를 선호하시나요?

제주를 오가는 비행기 안에서 읽었던 『오직 독서뿐』이라는 책에서는 옛 선현들의 독서 방법에 대해 이야기합니다. 질문은 정독과 다독 중 하나를 선택하라고 했지만 실은 정독과 다독은 병행되어야 하는 방식입니다.

선현들은 책을 읽을 때 한 권을 읽어도 뜻을 이해하고 내 것으로 만들 때까지 반복해서 읽어야 한다고 했고, 1만 권의 책을 읽어 일가를 이뤄야 한다고 했습니다. 선현들은 독서를 통해 세상의 이치를 깨달았습니다. 책을 읽고 이를 실천하고 생활 속에 녹여냄으로써 자신의 사상을 정립했습니다.

교보문고 검색 창에 '독서법'이라고 쳐보니 772권의 책이 검색됩니다. 이렇게나 독서법에 관한 책이 많습니다. 이 많은 독서법을 다 따라 할 수는 없겠지요. 저도 독서법에 관한 책을 많이 읽었습니다. 그리고 따라 해본 적도 많습니다. 그런데 무작정 따라 하다 보니 제 몸에 맞지 않는 옷을 입은 느낌이 있더군요.

그래서 요즘은 특별한 방법 없이 그냥 읽습니다. 읽다가 필요한 부분은 메모만 해놓습니다. 특별히 기억하려 노력하지도 않습니다. 지금은 기억이 나지 않는 것 같아도 이런 독서가 쌓이면 반드시 임계점을 넘어 지혜로 거듭나리라 믿기 때문입니다.

어떤 방법으로 책을 읽든 가장 중요한 것은 지금 당장 한 페이지라도 읽는 것입니다. 어떤 책이라도 말이죠. 지금 눈앞에 보이는 책을 집어 들어 페이지를 넘겨보세요. 이 한 권의 책이 여러분을 또 다른 삶으로 이끌어 줄지도 모르니까요.

오늘도 책을 통해 기적을 경험하세요. 아자!!!

059 철학이란?

오늘의 질문

철학이란 무엇이라고 생각하시나요?

독서모임에서 필독서로 선정한 『역사철학강의』를 읽으면서 문득 '철학이란 무엇인가?'라는 질문이 떠올랐습니다.

우리는 '철학' 하면 일단 머리가 아픕니다. 익숙하지 않기 때문이고 어렵기 때문입니다. 우리나라에서는 돈이 되지 않는 학문이라는 오명을 쓰고 있기도 합니다. 자녀들이 대학에 가서 '철학'을 전공한다고 하면 열이면 아홉의 부모들이 반대할 겁니다. 철학 공부 해서 뭐에 써먹을 거냐고 말이죠. 저희 세대의 부모님들도 마찬가지였습니다. 아마도 현실과는 동떨어진 듯한 이야기로 말장난을 하는 학문이라는 생각 때문일 겁니다.

실제로 철학 서적을 읽어보면 철학자들이 동의어를 반복하고 있는 듯한 기분이 들 때가 많습니다. 똑같은 말을 표현만 달리해서 무슨 말인지 이해하지 못하게 하는 것 같거든요. 자신의 지적 수준이 높다는 걸

자랑하려고 일부러 어렵게 표현하는 거 아닌가 하는 생각이 들 정도입니다.

하지만 『역사철학강의』를 읽다 보니 철학은 가장 기본이 되는 학문일 뿐 아니라 현실 세계의 바탕이라는 사실을 깨닫습니다. 철학. 밝을 철(哲)에 배울 학(學)입니다. 학문을 밝게 한다, 배움을 밝게 한다는 뜻입니다. 배움을 밝게 한다는 것은 배움 자체로 끝나지 않고 심화 발전시켜 지혜에 다다른다는 뜻입니다.

과거의 것을 배워 익히는 데에서 끝나면 철학이 아닙니다. 현실과 융합하여 새로운 폭발을 일으켜야 철학입니다. 아직 제 지식은 철학 일반에 대한 담론을 나누기에도 부족합니다. 좀 더 성숙해지면 구체적으로 철학자들에 대해서도 이야기를 나눌 수 있겠지요.

오늘도 책을 통해 기적을 경험하세요. 아자!!!

060 술을 드시나요?

오늘의 질문

혹시 술을 드시나요? 그러면 주로 어떤 술을 즐기시나요?

출판사 대표이신 페친님께서 책 소개하신 글을 보고 책을 검색했습니다. 그런데 검색이 되지 않더군요. 저자에게 직접 구매해야 하는 책이었습니다. 한 권은 제가 읽고 한 권은 선물하기 위해 두 권을 주문했습니다. 친절한 작가의 인사말을 시작으로 책을 읽고 있는데 문득 '나는 어떤 술을 좋아하지?'라는 의문이 떠올랐습니다. 특별히 가리는 술이 없어서 생각해 보지 않았는데 말이죠.

한때는 와인을 공부하겠다고 『신의 물방울』이라는 만화책도 보고, 와인 관련 책도 읽었습니다. 그런데 책을 봐도 잘 모르겠더라고요. 몇 자 주워 읽은 풍월로 괜히 아는 척만 했습니다. 또 한번은 막걸리가 좋아서 우리 전통주에 대해 공부해 보고 싶다는 생각을 한 적도 있습니다. 제대로 공부를 하지는 않았습니다. 그냥 마시는 데 주력했었죠.

저는 요즘 소맥을 즐깁니다. 첫 잔을 마실 때 느끼는 짜릿하고 시원한 목 넘김이 좋아서입니다. 예전에는 술을 참 많이도 마셨습니다. 제 몸을 가누지 못할 정도로 마실 때가 많았죠. 제가 술을 먹는 경우보다 술이 저를 먹는 경우가 많았습니다.

그러다가 퇴직을 하고 술을 끊었습니다. 계기가 있었습니다. 그동안 술을 마시고 나면 좋지 않은 일이 더 많았다는 사실을 깨닫게 된 거죠. 지금은 가끔 술을 마십니다. 술을 먹는 양이 늘어서 이제 또 줄일까 합니다. 예전 버릇이 되살아나기 전에 말이죠. 오늘 저녁에는 아내와 함께 냉장고에 고이 모셔둔 막걸리를 마셔야겠습니다.

오늘도 책을 통해 기적을 경험하세요. 아자!!!

061 토론이 필요한 이유?

오늘의 질문

우리에게 토론이 필요한 이유는 무엇인가요?

어제는 '해적이 사랑한 인문학' 1기의 모임이 있었습니다. 생각해 보니 벌써 1년이 지났더군요. 작년 5월 21일 첫 모임을 시작했습니다. 어제가 만 1년이 지나고 2년째 접어든 시점이었습니다. 오늘 아침 그 사실을 떠올리고 나니 감회가 새로웠습니다.

독서토론을 통해 투자와 사업에 대한 패러다임을 바꿔보고 삶을 변화시켜 보자는 모토로 출발했습니다. 이후 오프라인 모임 네 개 기수와 온라인 모임 두 개 기수까지 확장되어 지금에 이르게 된 건 모두 참여해 주신 멤버님들의 관심과 성원 덕분이었습니다.

초창기에 참여한 멤버들도 많은 변화를 겪었습니다. 진행하던 사업의 모델이 바뀐 대표, 새로운 직업을 갖게 된 멤버, 책 출간을 앞둔 멤버, 새로운 창업을 한 대표 등. 모두 다양한 분야에서 각자의 삶을 살아내고 있습니다. 사업적으로 힘들었던 한 대표는 이제 박차고 일어나 장

밋빛 미래를 설계하고 있습니다. 엄청난 변화가 아닐 수 없죠.

어제는 어려운 『헤겔의 역사철학강의』를 읽고 토론하는 자리였습니다. 아무리 봐도 어려운 철학입니다. 지금도 무슨 이야기인지 잘 이해가 되지 않으니까요. 멤버들도 비슷한 생각이었습니다.

그런데 신기하게도 어려운 철학에 대해서 토론을 하는데 에너지가 넘칩니다. 모르던 것을 알아가는 재미가 있어서인지 아니면 서로를 격려하고 응원해 주는 분위기 때문인지는 모르겠지만 즐겁고 유쾌한 에너지가 가득해서 하루 스트레스가 다 날아가는 기분이었습니다. 사실 어제 하루 종일 교육받느라 힘들었거든요. 정신과 몸이 힘든 상태였기 때문에 모임에 어떻게 참석할까 고민이었습니다. 괜히 제가 분위기를 흐릴까 걱정이었습니다. 하지만 이런 생각은 기우였습니다. 독서토론을 마치고 나니까 새로운 삶의 활력이 생기더군요.

카페 밖을 나서면서 맞이한 바람이 어찌나 상쾌하던지요. 함께해 준 멤버들이 고맙고 사랑스럽습니다. 삶에 변화를 주고 싶으신가요? 그럼 책을 읽고 토론을 해보세요. 저에게 연락하셔도 좋고요 주변의 독서모임을 찾아가셔도 좋습니다. 에너지 넘치는 기분을 느끼실 수 있을 겁니다.

오늘도 책을 통해 기적을 경험하세요. 아자!!!

062 그리스·로마신화를 읽어야 하는 이유?

오늘의 질문

우리는 왜 그리스 · 로마신화를 읽어야 하나요?

지금 독서모임에서는 그리스 · 로마신화를 읽고 있습니다. 각자 본인에게 맞는 책을 골라 읽기로 했어요. 저는 『변신 이야기』를 읽고 있습니다. 그리스 · 로마신화의 원류격인 책입니다. 전에 읽었던 책을 다시 읽습니다. 두 번째 읽는데도 여전히 익숙하지 않네요. 그리스 · 로마에 대해서 듣기는 했었지만 제대로 읽은 건 그때가 처음이었습니다. 물론 읽고도 무슨 이야기인지 감이 잡히지 않았습니다. 왜 이런 책을 읽어야 하나라는 생각도 있었구요.

누군가는 그리스 · 로마신화를 읽어야 하는 이유에 대해서 이렇게 이야기합니다. 그리스 · 로마신화는 상상력의 보고라고. 어찌 보면 황당하기까지 한 이야기 속에서 인간의 무한한 상상력을 볼 수 있다는 거죠. 그리고 그 상상력을 바탕으로 많은 이야기가 재생산되고 명품도 탄생했다고 합니다.

신화를 각색한 영화나 그리스·로마 신들의 이름을 딴 명품을 볼 때면 그 이야기가 맞는다는 생각도 듭니다. 신화의 환상적인 요소와 신비스러운 매혹을 상품과 서비스에 녹여내서 사람들을 유혹하는 거죠. 가장 성공적인 마케팅 기법이라고 볼 수 있겠네요. 이렇게 관점을 바꾸고 나니 책을 받아들이는 뇌가 다르게 작동합니다. 더 재미있게 이 책을 읽을 수 있을 것 같습니다. 같은 책을 여러 번 읽는 재미가 이런 것 아닐까요?

오늘도 책을 통해 기적을 경험하세요. 아자!!!

063 책을 읽는 목적?

오늘의 질문

여러분이 책을 읽는 목적은 무엇인가요?

즐기기 위해, 지식을 쌓기 위해, 지혜를 얻기 위해, 시간을 때우기 위해, 교훈을 얻기 위해 등등, 많은 이유 중 무엇일지 궁금합니다.

어제 독서모임에서 이런 질문이 나왔습니다.

'그리스·로마신화를 읽고 어떤 교훈을 얻을 수 있는 건가요?'

그 질문을 받고 한참 동안 답을 하지 못했습니다. 어떤 교훈을 얻어야 하는지 잘 모르겠더라고요. 고대로부터 내려오는 신화를 모아놓은 글에서 얻을 수 있는 교훈이라는 것이 많지 않아 보였습니다. 인간보다도 더 비이성적이고 추악하게 보이는 그리스·로마 신들에게서 무엇을 배울 수 있겠냐는 생각이 앞서기도 했구요.

토론을 하다가 얻은 결론은 '꼭 교훈을 얻지 않아도 된다'였습니다. 작가의 상상력과 고대 신화에 담겨 있는 신비스러운 이야기 자체를 즐겨도 되지 않겠냐는 의견이 지배적이었습니다. 맞는다고 생각했습니다.

우리는 책 한 권을 보더라도 뭔가를 꼭 얻어야겠다는 굳은 각오로 읽습니다. 그래서 책 읽기가 재미없게 느껴지기도 하죠. 책 읽기를 공부의 일환으로 생각하기 때문입니다. 학교에서 책 읽기를 그렇게 배웠기 때문입니다. 책을 서론, 본론, 결론으로 나누고 핵심 주제를 파악해야 합니다. 책을 읽는 내내 주제 찾기에 몰두해서 정작 책을 즐기지 못합니다. 물론 주제 찾기, 요약도 중요하지요. 그러나 그것이 과하여 전체 맥락을 놓치게 한다면 안 하느니만 못하다는 생각이 듭니다.

책은 그냥 즐기면 안 되는 건가요? 꼭 교훈과 의미를 찾아야만 제대로 된 독서를 하는 건가요? 예전 독서모임의 멤버 중 한 명이 독서토론을 버거워한 적이 있습니다. 그는 책을 좋아했고 독서를 사랑하는 사람이었습니다. 독서량도 많았고 깊이도 있었습니다. 그런데 토론 때마다 말하기를 주저하는 겁니다. 왜냐고 물었어요. 그랬더니 토론 주제에 맞춰 이야기하면 숨이 막히는 기분이 든다는 거예요. 뭔가 틀에 끼워져 있는 느낌이라면서요. 그때는 그 말의 의미를 몰랐습니다. 그런데 이제 조금 알 것 같아요. 그는 틀에 갇히지 않은 자유로운 독서를 원했던 겁니다.

어제 토론을 통해 저도 다시 깨달은 바가 있습니다. 책에서 뭔가를 얻으려는 강박관념보다 책 자체를 즐기자. 『쾌락독서』라는 책이 떠오르네요. 역시 토론은 즐겁습니다.

오늘도 책을 통해 기적을 경험하세요. 아자!!!

064 오늘 점심은?

오늘의 질문

오늘 점심은 무얼 드실 건가요?

오늘 점심은 어떻게 하지 생각하다가 여쭤봅니다. 저는 아침을 먹지 않습니다. 꽤 오래된 식습관입니다. 간헐적 단식의 일환일 수 있는데 특별한 이유는 없습니다. 그냥 아침엔 속을 비우는 것이 편하더라고요. 실은 1일 1식을 하려고 노력 중인데 잘 안 됩니다. 어제도 점심 약속이 있어서 점심을 먹고는 저녁 식사를 건너뛰려고 했는데 갑자기 너무 허기가 지는 거예요. 그래서 집에 와서는 폭풍 흡입을 했습니다. 분명히 배가 고픈 건 아니었는데.

다 먹고 나서 뇌가 저를 속였다는 걸 알게 되었어요. 정신적으로 뭔가가 허전했나 봅니다. 그래서 그걸 채우려고 배가 고프다고 거짓 신호를 보냈던 거고요. 어떻게든 채웠으니 됐다는 심정으로 위안을 삼았습니다.

점심은 낮에 간식처럼 챙겨 먹는 끼니에서 유래했다고 합니다. 점심

(點心)은 원래 불교 용어로 공복에 점을 찍듯이 조금 먹는 간식을 가리키는 말이었다고 하네요. 원래 아침, 저녁 두 끼를 먹다가 점심이 정규 식사에 포함되면서 하루 세끼를 먹게 되었다고 합니다. 그 시기도 그리 오래되지 않았는데요. 정확하게 알 수는 없지만 우리나라에서는 18세기 후반에 오늘날 점심의 의미로 굳어졌다고 합니다. 그래도 근세 이전까지는 식사의 기본이 아침, 저녁 두 끼였다고 합니다. 식사를 달리 조석이라고 부른 이유가 그 때문이라고 합니다.

지금 시대에 다시 점심을 간식 정도로만 하게 된다면 어떻게 될까요? 아마도 대부분은 그 상황을 견디지 못할 것입니다. 이미 세끼에 맞춰 몸이 익숙해져 있는데 바꾸기가 쉽지 않겠지요. 특히 직장인들에게는 청천벽력 같은 소식이 아닐 수 없습니다. 직장인들의 유일한 휴식 시간이자 즐거움인 점심을 없앤다면 크게 반발이 생기지 않을까요?

이른 아침을 먹고 출근해서 과중한 노동에 시달리는 직장인들이 점심을 건너뛰고 저녁을 먹는다는 게 상상이 가지 않네요. 배고픔을 참기 어려울 것 같습니다.

그래도 저는 오늘 배에서 꼬르륵 소리가 날 때까지 기다렸다가 먹을 생각인데 잘 실천할 수 있을지 모르겠어요. 싯다르타가 가장 잘한다는 '단식하기, 명상하기, 기다리기'를 저도 잘하고 싶은데 말이죠.

오늘도 책을 통해 기적을 경험하세요. 아자!!!

065 커피를 좋아하시나요?

저는 커피를 좋아합니다. 과하게 마시지는 않더라도 하루 한두 잔 정도는 꼭 마시죠. 따뜻한 아메리카노를 선호하며 제가 직접 내린 커피를 가장 좋아합니다. 그렇다고 제가 커피 전문가라는 이야기는 아닙니다. 그냥 제 취향에 맞게 내리는 커피를 좋아한다는 의미입니다.

일단 아침에 마시는 첫 잔은 몽롱한 몸을 깨워주는 역할을 합니다. 씁쓸하면서도 신맛의 커피가 입안을 감돌 때면 새로운 활력이 혈관을 타고 온몸을 흐릅니다. 저만 그런 건지는 모르겠지만 아무튼 커피가 저에게 주는 유익함입니다.

요즘 맛있는 커피를 마시기가 쉽지 않습니다. 물론 맛있는 커피를 파는 집은 많지요. 하지만 제 동선과 맞지 않아 그런 집을 찾기가 어렵습니다. 프랜차이즈 카페가 난무하다 보니 커피 맛이 거기서 거기입니다. 브랜드마다 맛있는 원두와 갓 볶은 신선함을 자랑하지만 독특한 매력은 느끼지 못합니다. 그래서 작은 카페를 찾아다니는 편인데 이마저도 쉽지 않습니다. 대량으로 공급받는 원두의 질도 그렇고 커피를 내리는 바리스타의 실력도 그렇고 해서 제 입맛에 맞는 커피를 찾기가 하늘의 별 따기만큼 어렵습니다.

지난 토요일에는 커피의 신세계를 맛보았습니다. 하나의 드립퍼에 담긴 커피를 10번에 나눠 드립을 하면서 매 순간 달라지는 커피의 맛을 느껴봤는데 신기하더라고요.

커피를 드립하면 맨 처음 뽑아지는 맛이 짠맛입니다. 그리고 마지막에는 텁텁한 맛이 남게 됩니다. 온전히 커피의 맛을 유지하고 있을 때 드립을 마쳐야 합니다. 5~6번째 드립까지가 커피의 맛을 유지하고 있었고 그 이후에는 텁텁한 맛이 나오기 시작했습니다. 카페인 성분이 많아져서 그렇다고 하더군요. 어느 순간에 드립을 멈춰야 하는지 몸으로 체득했습니다. 저는 제가 내린 커피가 제일 맛있다고 허언을 하곤 하는데요, 제 커피의 기준을 바꿔놓은 경험이었습니다. 최고의 맛을 선사해 준 대표님. 정말 고맙습니다.

커피를 좋아하신다면 직접 내려 드시기를 추천합니다. 일단 가성비가 좋습니다. 조금 비싼 원두를 산다고 해도 한 잔 원가가 2~3천 원에 불과합니다. 내 취향대로 마실 수 있습니다. 씁쓸한 맛을 좋아하면 물의 온도를 높이고 드립 시간을 늘리면 됩니다. 산미를 즐기고 싶으시면 물의 온도를 낮추고 드립 시간을 짧게 하면 됩니다.

굳이 바리스타 자격까지 필요 없습니다. 커피를 내리는 기본 원칙만 배우면 누구든 쉽게 나만의 커피를 즐길 수 있습니다. 홈 카페를 위한 제품들도 많으니 그걸 이용하셔도 좋을 듯합니다. 오늘은 출근하는 길에 가성비 좋은 카페에 들러 커피 향에 취해야겠습니다.

오늘도 책을 통해 기적을 경험하세요. 아자!!!

066 지하철 내에서 핸드폰은?

오늘의 질문

우리가 핸드폰을 놓지 못하는 이유는 뭘까요?

어제 퇴근 시간에 지하철 2호선을 탔습니다. 그 시간에 2호선을 타는 분들은 다 아실 거예요. 지하철 안이 얼마나 복잡한지요. 특히 강남권역은 그야말로 콩나물시루와 같습니다. 정말 손 하나 까딱하지 못할 정도로 서 있는 지하철에서 우연치 않게 핸드폰을 보고 있는 젊은 여성을 보게 되었습니다.

약간 인상을 찌푸리며 핸드폰을 보고 있더군요. 아마도 이리 밀리고 저리 밀리는 복잡한 상황이 싫었을 겁니다. '이 복잡한 공간에서도 핸드폰을 보는구나'라는 생각과 함께 '왜 이 순간에도 핸드폰을 봐야 하지?'라는 의문이 떠올랐어요. 그런데 문득 답이 떠올랐어요. '아, 저 여성은 핸드폰을 보면서 현실에서 탈출하고 있구나. 이 복잡하고 힘든 지하철과 오늘이라는 현실에서 벗어나고 싶은 마음에 핸드폰을 보는구나'라고 말이죠.

어쩔 수 없이 보게 된 그 핸드폰에는 누군가의 SNS에 올라온 맛집과 여행 관련 사진들이 있었거든요. 그 사진들을 보며 희미하게 웃는 모습으로 바뀌는 여성의 얼굴을 보면서 그런 생각이 들었습니다.

핸드폰에는 내가 원하는 세상이 있습니다. 원하지 않는 세상도 있지요. 그건 그냥 스크롤 한 번으로 넘겨버리면 그만입니다. 내가 바라는 세상을 부러움과 질투가 섞인 눈으로 바라봅니다. 현실 세계에서 벗어나는 도피처로 활용하는 거죠. 오가는 지하철 속에서 필요한 정보를 수집하는 매개체로 활용할 수도 있겠지만 그보다는 현실의 도피처로 이용하고 있는 경우가 더 많을 거라는 추측을 했습니다.

그런데 그거 아시나요? 그 도피처는 잠시 즐거움을 줄 수는 있지만 뒤에는 큰 공허함을 안겨줄 수 있다는 사실을요. 그리고 누군가의 SNS에 올라온 사진들이 '멀리서 본 희극'일 수 있다는 사실을요. 가까이서 보면 SNS 속의 그도 복잡한 지하철 속에서 흔들리며 인상을 찌뿌리고 있는 우리 중 한 명이니까요. 핸드폰 하나로 너무 우울한 얘기로 나갔나요? 여러분은 어떠세요? 왜 핸드폰을 보시나요?

오늘도 책을 통해 기적을 경험하세요. 아자!!!

067 자신을 한 문장으로 표현한다면?

오늘의 질문

자신을 한 문장으로 표현할 수 있으신가요?

앞으로는 퍼스널 브랜드 시대가 올 것이라고 합니다. 아니 이미 와 있는지도 모르겠습니다. 4차 산업의 시대, 정보 과잉의 시대에 살아남기 위한 전략이 퍼스널 브랜드를 구축하는 것이라고 합니다. 맞는 말인 것 같기도 한데 한편으로는 거부감이 드는 것도 사실입니다.

굳이 나를 한 문장으로 정의하고 규정을 해야 하는가? 여러 문장으로 복잡하게 표현하면 안 되는 것인가? 아! 그러면 남들이 나를 이해하기 어려워져서 안 되는 건가요?

그러면서도 나를 정의하는 문장을 찾고 있네요. 내가 무엇을 하고 있고 어떤 사람인지 명확하게 말할 수 있는 한 문장이 있다면 그만큼 나를 어필하기가 좋을 것 같아서 말이죠. 계속 해오는 고민이긴 하지만 다시 한 문장으로 정의하려니 어렵습니다.

책을 한 권 썼으니 '작가?' 책 한 권으로 이런 호칭을 붙이기가 쑥스럽습니다. 그럼 '책을 쓴 사람?' 이건 뭔가 유치하고요. 예전 독서 컨설팅을 할 때는 '책 읽기로 감동을 선물하는 사람'이라고 정의해 본 적도 있습니다. 책 읽기와 토론을 통해 컨설팅을 받으시는 분과 제가 같이 감동하고 변화하는 과정을 겪으면서 생각해 본 문장이었어요. 앞으로도 이 문장이 저를 대표하는 퍼스널 브랜드로 자리할 수 있었으면 좋겠는데 아직 확신은 없습니다.

저와 함께 일하는 파트너는 저에게 '매일 진화하는 사람'이라는 닉네임을 붙여주었습니다. 매일 조금씩 변하고 발전한다고 해서 붙여준 별명이에요. 닉네임 치고는 좀 길지만 저는 이 닉네임이 좋습니다. 누군가가 나를 이렇게 정의해 준다는 것은 내가 그런 모습을 보이고 있다는 뜻이기도 합니다. 과연 스스로 그런지 생각해 봅니다. 곰곰이 돌아보니 그런 것 같기도 해요.

어떤 문장이 나를 대변할 수 있을지 스스로도 궁금합니다. 뭐 연륜과 경험이 더 쌓이면 제가 정의하지 않더라도 나를 바라보는 이들에 의해 정의될 수도 있겠지요. 꼭 한 문장으로 정의해야 한다는 강박관념을 갖지 않으려고 합니다.

여러분은 어떤 문장으로 자신을 표현할 수 있으신가요?

오늘도 책을 통해 기적을 경험하세요. 아자!!!

068 퇴근 후 집에서는?

오늘의 질문

퇴근하고 집에 들어오면 주로 무엇을 하시나요?

저는 과거 퇴근하고 집에 돌아오면 바로 TV를 켰습니다. 지친 일상을 마무리하는 마지막 코스 같은 생각이 들어서입니다. 퇴직하고 책을 읽기 시작하면서 한동안 TV를 멀리했는데 요즘 다시 TV와 친해졌어요. 바쁘고 힘든 하루를 보낸 방증입니다. TV에서 위안을 얻고자 하는 걸 보면요. 참 TV라는 놈이 무섭습니다. 중독성이 강하거든요.

어제도 씻고 나서 TV를 보려고 소파에 앉았는데 테이블에 놓아둔 『창업의 시대, 브루독 이야기』라는 책이 눈에 들어왔습니다. 무심결에 들고 책을 훑어보다가 딱 목차에서 멈췄습니다.

멍청이들을 너무 많이 채용하면 당신도 멍청이가 된다.

갑자기 한 방 맞은 느낌이었어요. 저는 주로 채용하는 쪽보다는 채용당하는 쪽이었습니다. 과연 채용당하는 나는 멍청이였나? 아니면 똑똑한 사람이었나? 답을 할 수 없었어요. 마음이 저렸습니다. 멍청이의 기준이 뭔가 생각이 들었습니다. 지식이 없는 사람? 의견이 없는 사람? 재치나 순발력이 부족한 사람? 회사에 맞지 않은 사람?

이 문장을 읽으면서 멍청이에 대한 정의를 내려봤습니다. 저는 멍청이를 자기 의견 또는 주체성이 결여된 사람으로 생각했습니다. 그저 남의 생각을 필터 없이 받아들이기만 하고 앵무새처럼 따라 하기만 하는 거죠. TV를 보고 있는 지금의 내 모습과 닮아 있는 것 같아 섬뜩했습니다. 바보상자 앞에서 바보가 된 기분이었습니다.

이제는 채용당하지도, 채용하지도 않는 1인으로 살고 있지만 항상 가슴에 새겨야 할 문장이 되었습니다. '나는 지금 멍청이인가? 아닌가?'

오늘도 책을 통해 기적을 경험하세요. 아자!!!

069 나에게 힘을 주는 것?

오늘의 질문

삶의 방향이 확실치 않을 때 여러분에게 힘을 주는 것은 무엇인가요?

1년의 반이 지나고 7월이 시작되는 오늘 문득 예전에 읽었던 문장이 떠올랐습니다.

그렇다면 나는 그 바위를 사랑할 겁니다. 꼭대기까지 밀고 올라가는 동안 늘 사랑하는 바위 곁에 있을 수 있으니 얼마나 좋습니까.

파울로 코엘료의 『아크라 문서』라는 책에 나오는 문장입니다.

지금 좀 힘들거든요. 이보다 더 힘들었을 때 어떻게 버텼는지 돌아봤습니다. 그때 읽고 힘을 냈던 문장입니다. 이 글을 읽고 눈물을 흘렸던 기억도 있습니다. 정말 열심히 하루를 살고 있었는데 조금도 진전이 없었습니다. 매일 반복되는 일상이 지겨워 직장을 그만두고 더 나은 삶이 나를 찾아올 것이라 기대하며 새로운 일을 시작했었습니다. 그러나 희망은 잠시뿐 삶의 무게는 저를 더 짓눌렀습니다.

열심히 살려고 노력했습니다. 의미 있는 가치와 부를 동시에 잡을 수 있는 기회가 있어 스타트업에 투자했습니다. 그들의 외침이 허울 좋은 구호에 지나지 않았다는 것을 알았을 때 제 수중에 남은 건 허탈함과 자괴감뿐이었습니다. 그러고는 퇴직 이전 때 밀었던 것보다 더 큰 바위를 밀고 있었습니다. 다시 굴러떨어지는 그 바위를요.

처음으로 '여기서 포기하면 어떻게 될까? 나 하나 사라지면 모든 것이 해결될까?'를 고민했습니다. 그런데 나 하나 사라진다고 해결되는 일이 아니더라고요. 그건 해결이 아니라 책임 전가였습니다. 사랑하는 사람들에게 내 모든 짐을 떠맡기는 비겁함 그 자체였습니다. 이러지도 못하고 저러지도 못할 때 눈에 보이는 아무 책이나 집어 들어 무심결에 페이지를 열었습니다.

그때 다가온 책이 파울로 코엘료의 『아크라 문서』였고 눈에 들어온 문장이 위에 소개한 문장이었습니다. 이 문장 때문에 다시 기운을 추스를 수 있었습니다. 다시 살 수 있었습니다. 제가 책을 통해 가장 큰 기적을 경험한 순간이었습니다.

위의 문장은 매일 반복되는 일은 허무하고 의미도 없다는 악마의 속삭임에 대항하는 사람들의 항변입니다. 문제를 문제로만 바라보고 포기하려는 사람에게 용기를 주는 말입니다. 생각을 바꿔 오늘 내가 밀고 올라가는 바위까지 사랑할 수 있다면 그걸로 충분하다고 생각합니다. 남은 반년, 나와 함께하는 모든 것을 사랑하며 살기 위해 노력하렵니다.

오늘도 책을 통해 기적을 경험하세요. 아자!!!

070 지난 6개월을 돌아보면?

오늘의 질문

지난 6개월을 돌아보며 가장 기억에 남는 일 한 가지가 있다면 무엇인가요?

어제는 소상공인 및 외식업체 사장님들과 함께 성장하기를 꿈꾸며 앞을 향해 달려가는 회사의 팀과 미팅을 했습니다. 그 자리에서 던진 질문이에요. 그 질문에 그 회사 디자이너는 지난 6개월 전부가 꿈만 같다고 했습니다. '이렇게 재미있게 일을 할 수도 있구나'라면서 행복해 했답니다. 일에서 행복을 느끼다니. 그분이 멋지게 보였습니다.

그 회사의 대표는 회사의 어려움을 극복하기 위해 마케팅 쪽으로 주력해야겠다고 결심하고 선언한 그 순간이 떠오른다고 하더군요. 회사가 지금의 모습으로 발전하는 전환점이었으니 의미가 컸을 겁니다.

제 파트너는 업무차 제주에 간 일이 가장 기억에 남는다고 하더군요. 본인이 그리고 있는 사업적인 그림이 맞아떨어지는 모습을 제주에서 보았기 때문이라고 합니다. 어제 같이 자리했던 회사로부터 시작된 사업의 연결고리가 제주에서 완성되는 순간을 목격한 거죠.

저는 책을 쓰기 위해 아내와 함께 파주의 카페에서 보냈던 시간이 떠올랐습니다. 거의 매일 출근하듯이 카페에 갔습니다. 카페에서 저는 글을 쓰고 아내는 책을 읽었습니다. 그러다가 지루해지거나 글이 풀리지 않으면 아내와 함께 산책했습니다. 저도 그렇지만 아내도 그 시간이 기억에 많이 남는다고 하더군요. 그때가 없었다면 책을 쓸 수 없었을 겁니다.

함께 지난 6개월의 소중함을 돌아보며 서로 뿌듯해했습니다. 지난 6개월처럼 앞으로의 6개월도 소중한 시간이 되리라는 확신이 들더군요.

여러분은 지난 6개월이 어떠셨나요?

오늘도 책을 통해 기적을 경험하세요. 아자!!!

071 창조의 원천?

오늘의 질문

인간이 발휘하는 상상력의 원천은 무엇일까요?

신화, 설화, 전설 그리고 수많은 소설의 공통적인 요소는 상상력입니다. 지금 펼쳐지는 이야기가 과거의 설화와 구전에 덧입혀져 각색되는 것이라 할지라도 거기엔 그 설화를 새로운 생명으로 탄생하게 하는 상상력이 있습니다. 상상력으로 말미암아 문학이 탄생했고 과학이 발전했습니다.

누군가는 상상력이 창조자라고 합니다. 상상을 하는 자만이 창조를 할 수 있으니 틀린 말은 아니라고 생각합니다. 소설을 읽으면서 전율을 느껴본 적이 없습니다. 그런데 이 소설은 저를 전율케 합니다. 제가 좋아하는 작가의 소설이라 더 그렇습니다.

누워서 지평선을 바라볼 수 있을 만큼 끝없는 초원을 달립니다. 실핏줄이 터져 보랏빛 피를 흩날리며 달리는 비혈마(飛血馬)의 등잔 위에서 태고의 싱싱함을 간직한 바람을 온몸으로 맞이합니다. 단어 하나하나, 문장 하나하나가 눈으로 들어와 뇌를 휘돌아 가벼운 탄식으로 빠져나갑니다. 어찌 이런 상상력을 갖게 되었을까요? 어찌 이를 글로 표현할 수 있을까요? 그저 감탄할 따름입니다. 상상력의 원천이 무엇인지 궁금합니다. 인간의 본능이라고 하기엔 뭔가 부족하다는 느낌이 들어서 말이죠.

참! 책 제목이 궁금하시다고요? 김훈 작가의 『달 너머로 달리는 말』 입니다.

오늘도 책을 통해 기적을 경험하세요. 아자!!!

072 생각의 탄생?

오늘의 질문

왜 인간의 뇌에는 의도하지 않은 생각들이 가득할까요?

질문이 좀 어려운가요? 우리는 의도하는 생각만 하지 않습니다. 내가 의도하지 않았는데도 갖가지 생각이 떠오릅니다. 마치 어떤 프로그램이 작동하는 것처럼 말이죠. 책을 읽다가 다른 생각에 빠지는 경우가 그렇습니다. 내가 전혀 의도하지 않은 상황입니다. 왜 오만 가지 생각이라고 하잖아요. 집중을 방해하는 온갖 생각이 뇌를 떠돌아다닙니다.

왜 그런 걸까요? 생존을 위한 본능인가요? 먹이를 먹는 중에도 외부의 공격을 감시하기 위해 끊임없이 주변을 살폈던 원시 인류의 본능에 의한 것일까요? 그런 이유라면 다른 약한 동물들도 마찬가지 상황인데 유독 인간만 생각을 발전시켜 온 근거가 무엇일까요? 진화하면서 뇌의 용량이 커져서 그런 건가요? 동물들도 생각이 있는데 우리가 알아차리지 못하는 걸까요?

책장에서 잘 숙성되고 있던 『생각의 탄생』을 이제야 읽습니다. 책은 직관에 의한 창조적 사고의 중요성을 이야기하고 있는데 저는 조금은 다른 생각에 빠졌습니다. 다시 책을 향해 생각을 바로 합니다.

오늘도 책을 통해 기적을 경험하세요. 아자!!!

073 셀프텔러?

오늘의 질문

여러분은 어떤 셀프텔러가 있으신가요?

어제는 『지금까지 산 것처럼 앞으로도 살 건가요?』의 저자 김창옥 님의 강연에 다녀왔습니다. 방송 촬영을 겸하는 자리였는데요, 유쾌함, 감동, 힐링이 가득한 자리였습니다.

여기서 셀프텔러(Self-teller)란 '내 안에서 나에게 말하는 존재'라는 말입니다. 아마도 저자가 만든 말 같습니다.

우리에게는 누구나 셀프텔러가 있습니다. 특히 좋지 않은 상황에서 이 셀프텔러는 두 가지로 반응합니다. '괜찮아 다 잘될 거야'라며 긍정적으로 반응하는 경우와 '역시 내가 이럴 줄 알았어. 내 삶이 뭐 그렇지'라며 부정적으로 반응하는 경우입니다. 이 셀프텔러는 자라오면서 겪어온 여러 가지 환경과 말에 의해 결정됩니다. 그래서 좋은 말, 좋은 환경, 긍정적인 분위기로 아이를 양육하는 것이 중요하죠. 그래야 아이가 긍정적인 셀프텔러를 갖게 됩니다.

만약 내가 아이 때 부정적인 분위기에서 자라 부정적인 셀프텔러가 크게 작동한다면 노력이 필요합니다. 긍정적 셀프텔러가 주인이 될 수 있게 말입니다. 나를 향해 끊임없이 이렇게 말해야 합니다. 자신을 쓰다듬으면서 이렇게 말해보세요. 소리를 내지 않아도 좋지만 소리를 내서 하는 것이 더 좋습니다.

"괜찮아. 잘했어!", "난 너를 사랑해!", "난 너를 지지해!"

저는 셀프텔러가 부정적으로 작동하는 편입니다. 이런 부정적인 기조가 저에게 도움이 될 리가 없습니다. 책을 읽으며 많이 바꾸고 있다고 생각하는데도 가끔씩 터져나오는 부정적인 셀프텔러가 저를 힘들게 합니다.

그럴 때마다 제가 저의 셀프텔러에게 하는 말이 있습니다. "감사합니다. 사랑합니다." 그러고 나면 한결 마음이 편안해지고 자신감이 생깁니다. 나를 사랑하는 일이 우선입니다. 여러분은 어떤 셀프텔러가 있으신가요?

오늘도 책을 통해 기적을 경험하세요. 아자!!!

074 이룬다는 것?

오늘의 질문

계획하던 일을 이루고 나면 어떤 기분이 드시나요?

어제 드디어 제 인생의 첫 책 『돈을 부르는 작은 습관』이 나왔습니다. 딱 1년 정도 걸려서 결과물이 나왔습니다. 온라인 서점 사이트에서 제 이름으로 된 책을 본 순간 기분이 묘했어요. 당연히 기쁨이 앞섰지만 뭔가 모를 두려움도 같이하더군요. 이게 끝이 아니라 시작이기 때문일 겁니다.

처음 책을 쓰겠다고 펜을 들었을 때는 정말로 내 책이 나올 수 있을 거라는 확신이 없었습니다. 쓰다가 멈추고, 다시 쓰기를 반복했습니다. 많은 갈등과 고민이 있었는데 그 순간 저를 다잡은 생각은 '그래 해보자!'였습니다.

세상 사람이 '실행하는 사람과 실행하지 않는 사람, 둘로 나뉜다면 나는 실행하는 사람이 되자'라는 생각으로 그저 썼습니다. 결국 이렇게 결과물이 나왔네요. 실행하지 않았으면 없었을 일입니다.

퇴직하고 많은 일을 겪으면서 어제처럼 복잡한 기분이 든 적은 없습니다. 그래도 하고자 하는 일의 첫발을 뗐으니 이제는 앞으로 갈 일만 남았습니다. 이번 주 금요일 교보문고 매장에 깔린다고 하니 들러봐야겠어요. 그때는 또 어떤 감정이 나를 감쌀지 기대됩니다. 지금은 온라인 서점에서 예약 구매가 가능합니다. 많은 격려와 응원 부탁드립니다. 많이 사서 읽어달라는 말을 이렇게 했습니다.

오늘도 책을 통해 기적을 경험하세요. 아자!!!

075 자세히 본다는 것?

오늘의 질문

내 옆의 사람이나 사물을 자세히 바라본 적이 있나요?

『생각의 탄생』에서는 창조적 사고를 위해 필요한 13가지 요소에 대해서 이야기하는데 그중 첫 번째가 '관찰'입니다. 관찰은 자세히 보는 것입니다. 자세히 보면 그동안 지나쳤던 것들이 보입니다. 미처 발견하지 못했던 것들이 관찰이라는 행동을 통해 융합을 일으켜 창조의 힘으로 되살아납니다.

나태주 시인은 '자세히 보아야 예쁘다'라고 했습니다. 바쁜 시간을 사는 우리는 자세히 보지 못합니다. 자세히 본다는 것은 호기심이요 관심이며, 사랑의 발로입니다.

핸드폰을 건너뛰기로 보는 것에 익숙해진 우리는 사람도 건너뛰듯이 봅니다. 겉모습과 특징만 보고 예단합니다. 자세히 보지 않으면 보이지 않는 것들은 보려고도 하지 않습니다. 선불리 평가하고 결론짓고 맙니다. 창조를 위해 '관찰'이 필요하듯이 사랑하기 위해서는 자세히 봐야 합니다.

문득 저도 저 자신과 가족도 자세히 보지 못하고 살고 있다는 생각이 들었습니다. 이번 주말에는 바쁜 마음을 내려놓고 자세히 보아야겠습니다.

오늘도 책을 통해 기적을 경험하세요. 아자!!!

076 100번째?

오늘의 질문

여러분은 한 가지 일을 100번 넘게 지속적으로
실행해 보신 적이 있으신가요?

그동안 '공선생의 굿모닝 북모닝'을 꾸준히 올렸는데 오늘이 100번째가 되는 날입니다. 처음 이 글을 올릴 때는 이렇게까지 계속할 거라고는 생각하지 못했습니다. 그런데 매일 같은 시간에 일어나 생각을 가다듬고 질문을 올리다 보니 어느새 100번째가 되었습니다.

100번째까지만 글을 올리자는 생각도 했습니다. 그런데 지금은 생각이 바뀌었습니다. 질문이 떠오르는 순간까지는 계속할 생각입니다. 저를 새벽에 일어나게 해주고 제가 하루를 시작할 수 있는 원동력을 제공하기 때문입니다. 그리고 가장 중요한 건 질문에 답해주시고, 생각을 나눠주시고, 지혜를 공유해 주시는 여러분이 계셨기 때문에 가능한 일이라는 사실입니다. 감사하고 사랑합니다.

숫자로는 100번째이지만 날짜로는 5개월이 조금 넘었습니다. 주말과 휴일은 건너뛰기 때문입니다. 제가 첫 책을 끝까지 쓸 수 있었던 힘도 여기 있습니다. 매일 질문하고 매일 썼습니다. 그래서 쓰는 근력이 늘어난 것 같아요. 첫 책이 나온 지금, 이제 두 번째 책을 준비하려 합니다. 방향은 잡았는데 생각을 더 붙이고 글을 다듬어야 할 때입니다.

첫 책은 감사하게도 오늘 기준으로 교보문고 경제경영 순위 57위에 올라가 있습니다. 제 책이 온라인과 오프라인에서 검색되고 보이는 것만으로도 감사한데 순위까지 오르고 있으니 참 감개무량합니다. 저를 지켜봐 주시고 사랑해 주시는 여러분 덕분입니다. 2쇄 찍으면 밥 사겠다고 공언한 분들에게 약속을 지키려면 좀 더 팔리긴 해야겠지만요.

비 내리는 아침, 감사와 사랑으로 출발합니다.

오늘도 책을 통해 기적을 경험하세요. 아자!!!

077 술 취한 코끼리?

오늘의 질문

당신 마음속의 술 취한 코끼리는 무엇인가요?

『술 취한 코끼리 길들이기』라는 책이 너무 좋아 다시 읽고 있습니다. 제 책에 인용한 부분 외에도 주옥같은 글이 많습니다. 삶의 문제를 만들어 내는 주인공은 길들여지지 않은 마음속 코끼리라며, 그 코끼리를 정복하지 않으면 고통에서 벗어날 길이 없다고 말하는 부분도 그렇습니다.

이 마음속 코끼리는 삶이 힘들 때 더 날뜁니다. 이 코끼리가 술 취해서 돌아다니기 때문에 힘듭니다. 이 책의 저자 아잔 브라흐마는 '욕망의 자유'가 아니라 '욕망으로부터의 자유'가 중요하다고 이야기합니다. 세상에 행복이 존재하지 않는다는 것을 알게 될 때 진정 기쁨을 맛볼 수 있다고도 합니다. 우리 삶의 궁극적 목적이 행복이라는 전제를 놓고 보면 어불성설입니다. 행복이 존재하지 않는다는 것을 인정하라니요.

제가 생각하기에 행복은 술 취한 코끼리가 아닙니다. 행복을 원하는 마음이 술 취한 코끼리입니다. 행복을 원하는 마음 즉 욕망이 강해지면 행복이 가려져 보이지 않습니다. 아이러니하죠?

행복을 추구하는 욕망! 이 욕망으로부터 자유로워질 때 진정 행복에 다다를 수 있습니다. '행복을 원하는 마음을 내려놓으면 행복해진다.' 참 어렵습니다. 모든 걸 내려놓고 깨어 있는 삶을 살 때 진정 행복을 느낄지도 모를 일입니다. 오늘은 무엇을 내려놓을까요?

오늘도 책을 통해 기적을 경험하세요. 아자!!!

078 가장 중요한 사람?

오늘의 질문

세상에서 가장 중요한 사람은 누구인가요?

위의 질문은 『술 취한 코끼리 길들이기』에서 가져온 겁니다. 저는 이 글을 읽으면서 질문의 답이 '나'라고 생각했습니다. 내가 가장 중요한 사람이라고 생각했거든요. 책에서는 뭐라고 했을까요? 그 대답이 참 심오합니다. 한순간도 집중하기 어려운 이 시대에 집중할 수 있게 하는 답이 바로 위의 질문에 대한 답이라고 생각했습니다.

아잔 브라흐마는 세상에서 가장 중요한 사람은 '지금 당신 앞에 있는 사람'이라고 말합니다.

지금 당신 앞에 있는 사람의 말에 진심으로 귀를 기울이십니까? 지금 마주하고 있는 사람이 가장 중요한 사람인 것처럼 행동하고 계십니까? 대화를 나누는 상대방 앞에서 끊임없이 핸드폰의 알림을 확인하고 계시지는 않으십니까? 다음 내가 해야 할 말을 생각하느라 상대의 말을 듣는 둥 마는 둥 하고 계시지는 않으십니까?

이런 나의 행동을 보고 상대는 금방 느낄 수 있을 겁니다. 이 사람이 내 말을 별로 귀담아듣지 않고 나를 중요한 존재로 생각하지 않는다는 것을요. 내가 말을 할 때 상대가 핸드폰의 알림을 계속 확인하거나 내 말을 자르고 자신의 이야기를 먼저 하려 하면 나도 똑같은 감정을 느끼게 될 겁니다.

세상에서 가장 중요한 사람이 '지금 내 앞에 있는 사람'이라는 마음으로 상대를 대하게 되면 상대방도 그것을 느끼고 그것에 반응해 나를 중요한 사람으로 여기게 됩니다.

아잔 브라흐마는 여기에서 한 발 더 나아가 내가 대부분의 시간을 누구와 마주하고 있는지 직시하게 합니다. 그 대상은 바로 '나'입니다. 그래서 세상에서 가장 중요한 사람은 다름 아닌 바로 '나'입니다.

하루 중 가장 먼저 만나는 이도 '나'이고 가장 마지막까지 만나는 이도 '나'입니다. '나'가 없으면 '너'도 없습니다. 나를 중요하게 생각해야 남도 중요하게 생각할 수 있습니다. 내가 소중한 줄 알아야 상대도 소중한 줄 알게 됩니다. 처음 제가 한 답도 틀리지는 않았네요. 저의 답은 '나'였지만 여러분의 답은 무엇인지 궁금합니다.

오늘도 책을 통해 기적을 경험하세요. 아자!!!

079 나는 지금 어디에?

오늘의 질문

당신은 지금 어디에 있나요?

아잔 브라흐마는 『술 취한 코끼리 길들이기』에서 어떤 장소든 그곳에 있기를 원치 않는다면, 그곳은 감옥이라고 이야기합니다. 원치 않는 직업이나 원치 않는 관계 속에 있을 때도 마찬가지, 감옥이라고 합니다. 지금 있는 자리에 만족하고 지금 관계에 충실할 때 진정한 자유를 누리는 것이라고 합니다.

나는 지금 어디에 있는가? 자문해 봅니다. 소원하던 책을 냈고, 스타트업 대표나 사업가들과 함께 의미 있는 사업을 진행하고 있습니다. 충분히 만족하며 자유를 누리는 일입니다.

그런데 가끔 마음속에서 올라오는 욕망이 있습니다. '책이 많이 팔려야 하는데, 진행하는 사업에 성과가 있어야 하는데' 이런 마음이 자유를 억누릅니다. 그럴 때는 진정 내가 원하는 자리에 있는지 의구심이 올라옵니다. 정말 지금 자리에 만족하고 진정한 자유를 누리고 있는지 돌아보게 됩니다.

최선을 다해 책을 썼고 주변에 알리고 있습니다. 최선을 다해 대표들을 만나고 그들과 소통합니다. 제가 할 일은 여기까지입니다. 그 이후는 내 몫이 아닙니다. 성공하고자 하는 욕망이 있지만 욕망이 나를 가두기 전에 욕망을 내려놓아야 합니다. '욕망으로부터의 자유'가 필요한 시기죠. 지금이 그런 시기라는 생각입니다.

저는 지금 이렇게 감옥과 자유의 중간쯤에 있습니다. 얼른 감옥을 탈출해야겠습니다. 여러분은 지금 어디에 있나요?

오늘도 책을 통해 기적을 경험하세요. 아자!!!

080 자유를 누리기 위한 조건?

오늘의 질문

자유를 누리기 위한 조건에는 무엇이 있을까요?

독서모임의 필독서인 『철학은 어떻게 삶의 무기가 되는가』에서는 '자유에는 견디기 어려운 고독과 통렬한 책임이 따른다'라고 합니다. 자유를 누리기 위한 대가입니다. 이 책의 저자는 에리히 프롬의 『자유로부터의 도피』에서 이 주제를 인용했습니다.

사람은 자유를 꿈꾸지만 자유를 누리기 위해 겪어야 하는 고독과 책임은 싫어합니다. 막상 자유가 주어지면 어찌할 바를 모르고 방황합니다. 자유를 누리기 위해 주어진 의무가 무거운 거죠. 그래서 다시 자유 이전의 상황으로 회귀하려 합니다. 권위에 복종하고 약한 자를 지배하며 안정감을 느낍니다.

퇴직 이후 진정 자유를 찾았다고 생각했는데 항상 불안했습니다. 이제야 그 이유를 깨닫습니다. 그동안 고독과 책임을 받아들이지 못했습니다. 온전히 혼자 일어설 수 있어야 진정 자유인데, 그러기 위해서는 고독과 책임이 선행되어야 하는데 그걸 외면하고 자유만 찾았습니다.

에리히 프롬은 자유를 찾기 위해서는 자신 그대로의 모습으로 살라고 합니다. 개인의 성장과 행복을 실현하기 위해 꼭 필요한 것이라고 말이죠. 나를 내가 인정할 때 자유 뒤에 따르는 고독과 책임을 감당할 수 있다는 이야기입니다.

'내 그대로의 모습'은 무엇인가요? 있는 그대로의 나를 사랑하는 것입니다. 남과 비교할 필요가 없습니다. 남의 말에 귀 기울이지 않고 내 뜻대로 행동할 줄 알아야 합니다. 그러다 보면 독불장군이라고 외면당할 수 있습니다. 외로워질 수도 있습니다. 그러면 좀 어떤가요?

이때의 외로움은 외로움이 아닙니다. 고독입니다. 외로움은 타인에 의한 것이고 고독은 자신에 의한 것이기 때문입니다. 고독을 이겨낼 때 자유가 찾아옵니다. 저도 자유를 위해 내 그대로의 모습으로 고독을 즐겨야겠습니다.

오늘도 책을 통해 기적을 경험하세요. 아자!!!

PART 4

매순간 '나는 누구인가?'라고 묻습니다.

가을

081 하루를 시작하는 기분

오늘의 질문

오늘 당신은 어떤 기분으로 하루를 시작하시나요?

『꿈의 해석』에서 프로이트는 꿈의 원천을 다음 네 가지로 분류합니다.

1. 외적(객관적) 감각 자극
2. 내적(주관적) 감각 자극
3. 내적(기관적) 신체 자극
4. 순수한 심적 자극

내적, 외적의 신체나 심적 자극에 의해 꿈이 발생한다는 거죠. 그런데 이는 꿈에서만 그런 건 아닌 것 같습니다. 아침을 시작하는 기분도 마찬가지라는 생각이 듭니다. 다양한 자극에 의해 아침 기분이 달라질 수 있을 테니까요. 대부분은 어젯밤의 상황과 기분이 연장되어 아침을 맞이하게 됩니다. 우울하면 우울한 대로 기분이 좋으면 기분이 좋은 대로 말이죠.

좋은 기분이 연장되어 오늘 하루를 기분 좋게 맞이하는 것은 별문제가 되지 않습니다. 좋지 않은 기분을 계속 이어가며 하루를 시작하는 것이 문제죠. 무기력함, 두려움, 짜증, 도망가고 싶은 마음 등으로 시작하는 하루는 즐거울 수가 없습니다. 이렇게 시작하는 하루는 마치 예정되어 있다는 듯이 나를 공격합니다. 모든 상황과 사람들의 행동이 나를 힘들게 합니다. '도대체 왜 그럴까?' 원인을 외부에서 찾습니다. 실은 내게 원인이 있는데 말이죠.

그래서 하루를 어떻게 시작하느냐가 중요합니다. 이를 아는 사람들은 하루를 다르게 시작합니다. 명상도 하고, 세수할 때 거울 앞에서 크게 웃기도 하고, 큰 목소리로 매일 선언하기도 하고, 노트에 매일 반복해서 자신의 소원을 쓰기도 합니다. '나는 오늘 하루 행복하기로 했어'라며 오늘 기분을 정하고 출발하기도 합니다.

저는 명상과 독서, 글쓰기로 하루를 시작합니다. 오늘도 아침에 행하는 이 루틴의 소중함을 느낍니다. 마음을 정화하고 하루를 기분 좋게 출발하는 원천이기 때문입니다.

혹시라도 어제 좋지 않은 일이 있어서 오늘 아침을 꿀꿀한 기분으로 출발할 것 같으면 눈을 감고 호흡에 집중해 보세요. 아주 잠시라도 말이죠. 그리고 마음속으로 또는 소리 내어 크게 외쳐보세요.

"오늘 나는 행복하기로 결정했어! 감사합니다! 사랑합니다!"

그리고 눈을 떠보세요. 그럼 마법같이 세상이 달라져 있을 겁니다.

오늘도 책을 통해 기적을 경험하세요. 아자!!!

082 술

오늘의 질문

술을 좋아하시나요?

『국어사전에서 캐낸 술 이야기』라는 책이 있습니다. 페친의 소개를 보고 제목이 흥미로워 읽습니다. 책 제목을 보니 자연스레 술에 대한 기억이 떠오릅니다.

학력고사가 끝난 뒤 처음 술을 마셨습니다. 해방감에 들떠 동네 형, 친구들하고 시내 선술집에 모여 앉아 소주를 마셨죠. 처음 먹어보는 소주인데도 잘 넘어갔습니다. 다섯 잔을 마셨는데도 멀쩡하더군요. 아니 멀쩡한 줄 알았습니다. 화장실 가려고 일어서기 전까지는 말이죠. 일어서서 걸어가려는데 핑 돌더라고요. 갑자기 땅이 울렁거리고 세상이 빙빙 도는 것 같았습니다. 그때 알았죠. 술에 취한다는 것이 어떤 건지.

그때부터 정말 많이 마셨습니다. 학창 시절에도 그렇고 직장 생활을 할 때도 그렇고. 일주일에 두세 번은 기본이고 보통 4~5일은 먹었습니다. 술 때문에 생긴 에피소드도 많죠. 아내와 트러블도 잦았어요. 오로지 술 때문에 말입니다.

퇴사 이후 거의 술을 마시지 않게 되었을 때 저를 아는 모든 사람이 어리둥절하게 생각했습니다. '니가 술을 안 먹어?' 저도 술을 절제할 수 없을 것으로 생각했습니다. 그런데 되더라고요. 저 스스로도 신기했습니다. 그래서 생각해 봤죠.

'내가 술을 좋아한 건가? 아니면 사람들과 어울리는 것이 좋아 술을 마신 건가?' 곰곰이 생각해 보니 후자였습니다. 술을 좋아한다면 혼술이라는 걸 즐길 텐데 저는 혼술을 하지 않거든요.

이제는 과하게 술을 마시지 않습니다. 술 없이도 좋은 사람들과 어울릴 수 있는 방법을 알았거든요. 그게 뭘까요? 눈치채셨나요? 맞습니다. 바로 '독서토론'입니다.

책을 주제로 토론을 하고 나면 그렇게 즐거울 수가 없습니다. 삶에 활력도 생기고요. 요즘은 코로나 때문에 모든 모임이 중단돼서 조금 힘이 빠져 있긴 합니다. 하지만 곧 시작할 수 있다는 희망으로 오늘도 책을 읽습니다.

불금이기도 하고 북금이기도 한 오늘. 간단히 맥주 한 캔과 한 권의 책으로 밤을 보내보는 건 어떨까요?

오늘도 책을 통해 기적을 경험하세요. 아자!!!

083 어린 왕자

오늘의 질문

『어린 왕자』를 읽어보셨나요? 읽어보셨다면 어떤 느낌이었나요?

거의 모든 사람이 읽었을 것이라는 생각이 들 정도로 유명한 책입니다. 동화 또는 소설 어느 장르에도 포함되는 책입니다. 그러기에 어른을 위한 동화라고도 합니다. 오랜만에 『어린 왕자』를 읽었습니다. 당연히 집에 책이 있겠지 하고 찾아봤는데 없더라고요. 그래서 구매했습니다.

이번에는 낭독으로 읽었습니다. 낭독은 묵독하고는 다른 느낌을 줍니다. 그동안 주로 묵독으로 책을 읽어서 그런지 익숙하지 않은 부분도 있고 낭독에 초점을 맞추다 보니 책 내용에 집중하기 힘들기도 합니다. 익숙해지기까지 시간이 좀 걸릴 것 같네요.

다시 『어린 왕자』를 읽는 느낌은 예전과는 또 다릅니다. 전에는 그냥 지나치던 문장들이 눈에 들어오네요. 사막에 떨어진 비행기를 고치기 위해 집중하고 있는 '나'에게 어린 왕자가 자꾸 묻습니다. 가시는 꽃에게 무슨 소용이 되느냐구요. 비행기 고치기에 여념이 없는 '나'는 중요한 일을 하고 있는데 귀찮게 한다며 제발 그만두라고 합니다. 이에 어린 왕자는 깜짝 놀랍니다. 그러고는 이렇게 이야기합니다.

> "아저씨는 어른들처럼 말하고 있잖아!" (중략) "아저씨는 모든 걸 혼동하고 있어… 모든 걸 혼동하고 있단 말이야!"

이 문장 하나가 마음 깊이 자리합니다. '나는 무엇을 혼동하고 있는가? 그래서 나는 무엇을 해야 하는가?' 어린 왕자가 내게 답을 줄 수 있을까요?

오늘도 책을 통해 기적을 경험하세요. 아자!!!

084 단숨에 읽는 책

오늘의 질문

정말 좋은 책을 만나면 단숨에 읽나요?
아니면 아껴가며 읽나요?

어제 제가 읽은 책은 『내 생의 적들』이라는 소설입니다. 정말 좋은 책을 만나 푹 빠져서 읽었습니다. 아니 읽다가 멈췄습니다. 주인공의 고통을 따라가기가 힘들어 잠시 멈췄습니다. 마음속에 분노와 연민, 미안한 마음이 소용돌이쳐 눈을 감고 책을 덮었습니다. 내 의지와는 상관없는 것들로 인해 억압받고 파괴되어 가는 주인공의 모습을 직시하기가 쉽지 않았습니다.

과거의 일이라고만 치부할 수 없습니다. 지금도 충분히 일어날 수 있는 일입니다. 작가가 책을 출간할 당시 국회의원 전원에게 이 책을 전달하셨다고 합니다. 국회의원들이 이 책을 보고 각성해서 국가보안법 폐지에 앞장서 달라는 간절한 외침이셨을 겁니다.

책이 절판되어 중고책을 샀는데 그때 국회의원들에게 보낸 책 중 한 권이 제게 온 것 같습니다. 이것도 특별한 인연인 것 같네요. 저는 오늘도 주인공의 삶을 힘겹게 따라가려 합니다. 내용이 궁금하시면 직접 읽어보시기를 추천합니다.

오늘도 책을 통해 기적을 경험하세요. 아자!!!

085 채식과 육식

오늘의 질문

채식을 좋아하시나요? 육식을 좋아하시나요?

깨달음을 추구하는 사람들도 먹는 것에 대한 고민이 많다는 사실에 살짝 웃음이 나왔습니다. 오늘 뭘 먹을까에 대한 고민이 아니라 깨달음에 방해가 되는 음식은 무엇일까가 주된 고민이었겠지만 먹는 것에 대한 고민은 누구나 갖고 있는 것인가 봅니다.

라마나 마하리쉬는 깨달은 사람은 음식에 의해서 어떤 영향도 받지 않는다고 합니다. 다만 채식에 습관을 들이는 것이 좋다고 하네요. 말 그대로 진정 깨달은 사람이라면 무엇을 먹든 상관있겠습니까?

문득 다이어트도 마찬가지라는 생각이 드네요. 다이어트의 기본은 먹는 양보다 움직이는 양이 커야 합니다. 그런데 움직이는 양에 비해 더 많은 양을 먹으면서 다이어트를 위해 무엇을 먹어야 할지 고민합니다. 먹기 위해 운동을 한다는 TV 프로그램도 있는 걸 보면 먹는 즐거움이 크긴 큰가 봅니다.

『절제의 성공학』을 다시 읽고 실천하려 하는데 실행이 의지를 앞서지 못합니다. 매번 먹고 후회하는 것 같아요. 채식이냐 육식이냐가 중요한 것이 아니라 얼마만큼 먹느냐가 중요한데 말이죠. 오늘은 음식의 유혹에서 벗어나기 위해 노력해 보렵니다.

오늘도 책을 통해 기적을 경험하세요. 아자!!!

086 나는 누구인가

오늘의 질문

나는 누구입니까?

언제 어느 때 물어보아도 부족하지 않을 질문입니다. 매번 마음속에 담고 있어야 할 질문입니다. 무의식중에 생각하고 행동하는 순간에도 우리는 '나는 누구인가?' 질문해야 합니다.

『나는 누구인가』에서 라마나 마하리쉬는 '나는 누구인가'라는 생각을 계속 유지하라고 합니다. 그러다 다른 생각이 일어나면 그 생각을 따라가지 말고 '이 생각이 누구에게 일어났는가?' 물어야 한다고 했습니다. 생각이 일어날 때마다 말이죠. 거기에 대한 대답은 '나에게'입니다. 그러면 다시 '나는 누구인가'라고 묻습니다. 이렇게 '나는 누구인가'라는 질문을 계속하면 마음은 점점 그 근원으로 향하게 되고 생각은 사라지게 된다고 합니다.

답을 찾을 필요가 없습니다. 이미 우리에게 답이 있기 때문입니다. 답이 아닌 것을 제거해 나가면 답을 찾듯이 이미 있는 나에게 다가가면 됩니다. 그 근원에 있는 나를 라마다는 진아(眞我)라고 합니다.

진아를 찾는 것은 신에게 가는 길이기도 합니다. 신에게 완전하게 복종하는 것을 말합니다. 복종이란 나를 앞세우지 않습니다. 오로지 모든 것을 신에게 맡기는 겁니다. 그럴 때 나는 없습니다. 나는 마음, 즉 에고입니다. 에고에서 벗어날 때 신과 함께할 수 있습니다. 자유와 평화가 함께합니다.

매순간 '나는 누구인가?'라고 묻습니다. 그리고 모든 것을 신에게 맡깁니다. 그것이 진정 자유를 누릴 수 있는 길이기 때문입니다.

오늘도 책을 통해 기적을 경험하세요. 아자!!!

087 지구 환경

오늘의 질문

지구 환경의 심각성에 대해 어디까지 생각해 보셨나요?

지구가 목적이고 사업은 수단이라고 말하는 『파타고니아』의 사업 철학은 확고합니다. 인간들이 만들어내는 유해한 환경으로부터 지구와 인간을 보호하는 것입니다.

매출과 이익만을 추구하지 않습니다. 좋아하는 것을 더 오래할 수 있도록 하기 위해 제품을 만들고, 일을 합니다. 일을 하다가도 파도가 좋은 날은 언제든지 서핑을 할 수 있습니다. 어린아이들은 부모와 함께 회사에 출근합니다. 부모는 언제든지 아이에게 책을 읽어줄 수도 있고 함께 낮잠을 잘 수도 있습니다. 물론 일에 대한 소신과 책임은 명확합니다. 참 부러운 회사입니다.

초기에는 이본 쉬나드도 시행착오를 거쳤습니다. 사업의 목적이 뭔지 몰랐다고도 합니다. 35년이 지난 후에야 비로소 왜 사업을 하는지 알게 되었다고 고백합니다.

'파타고니아가 다른 기업들이 환경에의 책임과 지속 가능성을 탐구할 때 본보기로 삼을 만한 모델이 되는 것'이 그가 사업을 하는 이유라고 합니다. 기업가치를 얼마로 높이고 얼마에 팔아넘기겠다는 목표가 없습니다. 그들이 추구하는 것은 '큰 회사가 아니라 최고의 작은 회사'이니까요. 그래서 매주 회사를 사려고 접근하는 사람들의 제안을 거절하고 소수 주주가 지배하는 비공개 기업으로 남아 그들이 중요하다고 생각하는 일, '선행'에 집중하고 있습니다.

제가 아는 한 사업가도 매출 확대를 위해 무분별하게 생산되고 쉽게 버려지는 의류에 대해 쓴소리를 합니다. 그는 '바다거북'을 사랑합니다. 그 바다거북이 버려진 쓰레기에 목이 감겨 죽는 모습을 보며 안타까워합니다. 그가 옷을 만들고자 하는 목적은 바다거북을 살리는 겁니다. 그의 모습이 이본 쉬나드와 오버랩됩니다. 그리고 그의 미래가 보이는 것 같아 미소가 지어집니다.

'다른 모든 것을 올바로 행한다면 이익이 따라온다'라고 말합니다. 사업에서나 내가 하는 일에서나 마음에 담아 두어야 할 말이 아닌가 생각합니다.

오늘도 책을 통해 기적을 경험하세요. 아자!!!

088 핵심

오늘의 질문

여러분이 하시는 사업이나 일의 핵심은 무엇인가요?

어제 주류시장의 유통 플랫폼을 구축하고 있는 회사의 대표를 만났습니다. 이 회사가 사업을 진행하는 핵심은 판매처였습니다. 판매처가 확보되니 유통사, 제조사가 그들을 찾습니다. 100여 군데의 판매처를 확보하기 위해 대표는 실장 직함의 명함으로 점주들을 만났습니다. 점주들이 대표라는 명함을 부담스러워한다면서요. 대표라는 직함의 겉멋에 취하지 않고 현장에서 뛰며 숨 쉬고 있었습니다. 기초·기본이 무엇인지, 핵심이 무엇인지 잘 파악하고 있는 대표였습니다.

그리고 일을 처리하는 능력과 스피드도 대단합니다. 자료를 요청하면 바로 옵니다. 미팅을 마치고 보내온 문자도 감동입니다. 복잡한 법과 텃세로 인해 접근하기 쉽지 않은 주류시장에 새로운 바람을 일으키고 있습니다. 이렇게 하기까지 그가 쏟은 땀의 양이 엄청나리라는 생각이 들었습니다. 열정적으로 사업을 설명하는 대표의 눈빛을 보며 느겼습니다. 어디에 핵심을 두고 무엇을 공략해야 하는지 많이 배우는 시간이었어요. 이제는 그 사업의 성공을 위해 같이 뛰어야 할 시간입니다. 패밀리 컴퍼니의 성공을 위해 함께합니다. 제가 이 일을 하는 핵심입니다.

오늘도 책을 통해 기적을 경험하세요. 아자!!!

089 삶을 변화시키는 사소한 습관

오늘의 질문

매일 실행하는 사소한 습관이 있다면 무엇인가요?

저에게도 여러 가지 습관이 있지만 그중 단연 으뜸은 매일 책을 읽는 것입니다. 몇 년 전에는 상상도 하지 못한 일이었죠. 이동 시에는 항상 손에 책을 들고 다닙니다. 그러면 자연스레 책을 읽게 되죠. 욕심은 많아서 가방에도 한 권 더 가지고 다닙니다.

책을 읽다가 좋은 문장이나 감동을 주는 내용이 있으면 따로 기록합니다. 그러고는 이렇게 글을 쓸 때나 강연을 할 때 활용합니다. 사소한 것 같지만 이런 습관을 들이기 위해 많은 시간과 노력이 필요했습니다.

『지극히 사적인 그녀들의 책 읽기』의 저자는 40대 후반에 시작한 독서토론을 통해 자신을 찾고 다른 사람을 이해하게 되었으며 자연스럽게 인생의 의미도 발견하게 되었다고 합니다.

일기 마니아였던 그녀는 인생 2막에 작가로 살고 싶은 소망을 이루기 위해 책을 읽고 독서토론을 했습니다. 그리고 그걸 책으로 엮어내 어엿한 베스트셀러 작가가 되었습니다. 아마도 그녀의 책 쓰기는 여기서 멈추지 않을 겁니다. 매일 책을 읽고 토론하면서 이미 다음 작품을 구상 중일지도 모르겠네요.

책만 읽어서 뭐 하냐는 말을 하는 사람들도 있습니다. 책을 읽기만 하고 실행에 옮기지 않는다면 맞는 말입니다. 하지만 책을 읽고 뭐라도 실행을 한다면 기적과도 같은 일이 일어납니다. 제가 책을 썼던 것처럼 말이죠.

오늘도 책을 통해 기적을 경험하세요. 아자!!!

090 직시(直視)를 외면하는 것의 편안함

오늘의 질문

혹시 마스크로 얼굴을 가리고 있어서
편리하다고 생각해 보신 적이 있으신가요?

어제 문득 마스크로 얼굴을 가리고 다니니 표정을 가릴 수 있어서 편리하다는 생각을 했습니다. 특히 마스크를 쓰고 대화를 하면 어느 정도 내 감정을 감출 수 있어서 도움이 될 수도 있겠다고 생각했죠. 그런데 그건 저만의 착각이었습니다.

융의 『꿈 분석』을 보면 꿈에서 무의식은 직접적으로 표현된다고 했습니다. 무의식은 꿈에서조차 감출 수 없는 거죠. 그걸 마스크 한 장으로 가릴 수 있다는 착각을 했습니다. 뒤로 숨고자 하는 마음이 커서 그랬습니다.

이처럼 가릴 수 없는 무의식이라면 겉으로 드러내야 합니다. 공격적으로 표현하라는 것이 아닙니다. 솔직한 내 모습을 드러내야 한다는 겁니다. 두렵다거나 부끄럽다는 생각 때문에 나를 감추는 경향이 있습니다. 그렇지만 그걸 이겨내고 나를 밖으로 끌어내야 합니다.

사업을 할 때도 마찬가지입니다. IR 자료를 그럴듯하게 포장해도 내 무의식의 세계는 드러나게 마련입니다. 마스크 위로 보이는 눈빛에 그 사람의 마음이 드러나듯이 말입니다. 상대방을 사로잡으려면 완벽하게 무의식까지 속이든지 아니면 정직하든지 둘 중 하나입니다. 아무래도 정직한 쪽을 택하는 것이 더 쉬울 것 같습니다.

오늘도 책을 통해 기적을 경험하세요. 아자!!!

091 페르소나

오늘의 질문

당신에게는 어떤 페르소나가 있나요?

페르소나는 가면입니다. 누구나 가면을 쓰고 있습니다. 직장에서, 가정에서, 친구 사이에서, 대중 앞에서. 그런데 융의 말대로 세상으로부터 잠시만 벗어나게 되면 바깥에서 보여주는 모습과는 전혀 다른 나를 발견하게 됩니다. 그 모습이 좋을 수도 있지만 싫을 때가 많습니다.

그래서 융도 '자신의 페르소나와 동일시하는 모든 사람들은 홀로 있는 것을 싫어한다. 이유는 홀로 남을 때 자기 자신을 보기 시작하기 때문이다'라고 말했습니다.

저는 '체' 하는 페르소나가 있습니다. 잘하는 체, 아는 체, 고상한 체 등등… 특히 처음 만나는 사람 앞에서 더 그런 것 같아요. 부족한 내면을 들키지 않기 위한 방어기재입니다. 그러고는 곧 부끄러움을 느낍니다. 홀로 남아서 나를 보기 때문이죠.

융은 동양의 가르침을 인용해 "당신의 가슴 안에 살고 있으면서 모든 것을 지켜보고 있는 지혜의 노인을 잊지 말라"고 합니다. 이를 통해 개인 무의식에 다다르고 이를 정리하게 된다면 페르소나에 의한 압박과 두려움을 느끼지 않을 수 있다고 합니다.

중용에서는 신독(愼獨)을 이야기합니다. 신독은 '홀로 있을 때에도 도리에 어그러짐이 없도록 몸가짐을 바로 하고 언행을 삼감'이라는 뜻입니다. 융의 이야기와 중용의 신독이 일치하는지는 모르겠으나 홀로 있어도 삼가고 다스리기를 멈추지 않는다면 페르소나와 내면의 모습이 일치하는 시점이 올지도 모르겠습니다.

오늘도 책을 통해 기적을 경험하세요. 아자!!!

092 세상을 인식하는 단계

오늘의 질문

여러분은 누구를 중심으로 세상을 바라보시나요?

켄 윌버는 『켄 윌버의 통합비전』이라는 책에서 의식의 발달 단계를 '자기중심적, 민족중심적, 세계중심적' 단계로 나눕니다.

첫 번째, 자기중심적 단계는 전(前) 관습 단계라고 하는데 막 태어난 갓난아이의 의식 단계입니다. 두 번째, 민족중심적 단계는 도덕적인 관습 단계라고 하는데 자기가 속한 그룹, 종족, 민족 등이 중심이 되는 단계입니다. 세 번째, 세계중심적 단계는 탈(脫)관습 단계라고 하는데 종족, 피부색, 성별, 신앙 등을 구별하지 않고 모든 사람에게 관심을 기울이며 보살피는 단계입니다.

나를 돌아봅니다. 내 의식은 어느 단계에 머물러 있는가? 아무리 생각해 봐도 갓난아이의 자기중심적 단계입니다. 성찰을 통해 사고를 확장하고 풍요로운 삶을 살고자 노력 중이지만 어느 순간 돌아보면 제자리에서 맴돌고 있는 나를 발견합니다. 아직 다음 단계로 도약할 수 있을 만큼 충분한 역량이 되지 못하기 때문인 거죠.

켄 윌버는 통합적으로 사고하는 훈련을 통해 자기 영역을 초월하는 수준에 도달할 수 있다고 합니다. 책의 뒷부분에 소개된 훈련 방법은 그리 어렵지 않은 것들입니다. 다만 지속할 수 있느냐가 중요할 뿐입니다. 방법이 궁금하신 분은 책을 읽어보시기 바랍니다.

오늘도 책을 통해 기적을 경험하세요. 아자!!!

093 성공의 의미

오늘의 질문

여러분이 생각하는 성공이란 무엇인가요?

성공(成功)의 사전적 의미를 찾아보니 '목적하는 바를 이룸'이라고 되어 있습니다. 그렇다면 성공을 위해서는 '목적하는 바'가 무엇인지를 아는 것이 중요합니다. '목적'이 명확하지 않기 때문에 '성공'이라는 단어가 주는 공허함이 큰 경우가 많습니다.

『켄 윌버의 통합비전』에서 소개하는 '매슬로의 욕구 단계'를 보면서 이런 생각을 했습니다. 최종 단계가 '자아-초월'의 단계이긴 하나 마지막 단계까지 이르는 것이 궁극적인 목적은 아닐 수 있겠다는 겁니다. 각 단계에서 '목적하는 바'를 이루어 만족한다면 그것도 성공이라고 할 수 있지 않을까요? 좀 엉뚱한가요?

고전 평론가 고미숙 작가는 『조선에서 백수로 살기』라는 책에서 이렇게 말합니다. 지속적으로 두 달 치의 생활비만 확보할 수 있다면 무엇을 하든 행복할 수 있다고 말입니다. 단, 소비와 부채의 굴레에서 벗어나야 하는 전제 조건이 있습니다. '목적하는 바'가 무엇이냐에 따라 받아들이는 온도 차는 있겠지만 저는 이 말에 공감합니다. 남들에게 보여주고 과시하는 '성공'의 모습이 아니라 내 삶을 충실하게 만드는 '성공'의 모습이 중요하기 때문입니다.

오늘도 책을 통해 기적을 경험하세요. 아자!!!

094 선량한 차별주의자

오늘의 질문

차별이란 어디까지를 말하는 걸까요?

'지극히 사적인 그녀들의 책 읽기' 작가님께서 운영하시는 독서모임에 참여하게 되어 이 책을 읽습니다. 책을 읽으면서 『선량한 차별주의자』라는 제목이 주는 느낌을 알 수 있게 되었어요. 나도 모르게 행하는 차별적인 언어나 행동이 많다는 것도 알게 되었고요. '결정장애'라는 말이 장애를 비하하는 습관적인 말이라는 글을 보고는 조금 충격을 받았습니다. 저도 차별이라는 생각 없이 즐겨 사용하던 말이었거든요.

'차별을 당하는 사람은 있는데 차별을 한다는 사람은 잘 보이지 않는다.' 맞는 말입니다. 인식과 습관으로 굳어진 사람들은 내 행동 하나가 상대방에게는 상처가 될 수 있다는 걸 모릅니다. 그래서 희망을 준다거나 농담을 한다는 선한 의도가 당사자들에게는 모욕으로 느껴질 수도 있습니다.

책을 보면서 제 행동에 대해 반성을 많이 합니다. 주변인들에게 했던 농담이 행여나 그들에게 불쾌한 감정을 주지는 않았는지도 생각해 봅니다. 모임 분위기를 띄우기 위해 했던 농담이 특정인에게는 모욕감으로 느껴질 수도 있었겠다는 생각이 듭니다. 행동과 말에 더욱 신중하도록 정신을 깨워주는 책입니다. 책 소개해 주신 작가님 고맙습니다.

오늘도 책을 통해 기적을 경험하세요. 아자!!!

095 향기

오늘의 질문

여러분은 어떤 향기를 품고 계신가요?

동해안 여행을 하다가 문득 이인휘 작가님을 뵙고 싶은 생각이 들었습니다. 페북에서는 서로 안부를 나누는 사이지만 뵙지는 못했거든요. 『부론강』을 읽고는 부론에 가고 싶은 마음과 작가님을 뵙고 싶은 마음이 더욱 커졌습니다. 그래서 다음 일정을 작가님께서 거주하시는 부론면으로 정했습니다.

부론면은 들어가는 입구부터 포근했습니다. 나뭇가지들이 만든 터널을 지날 때는 신비로운 동네로 들어서는 느낌도 들었어요. 법천사지로 들어서니 작가님께서 집필실 창문 너머로 반갑게 손을 흔들어주시더군요. 처음 뵀는데 마치 오래전부터 알고 지냈던 분 같았습니다. 페북에서 자주 봬서 그런가요? 편안했습니다.

작가님의 집필 장소는 정원이 기가 막혔습니다. 2만여 평의 법천사지가 전부 작가님의 정원이었습니다. 원우와 찬미가 김밥을 먹던 느티

나무도 봤습니다. 정말 나무 밑이 텅 비어 있더군요. 소설 속 원우가 말을 거는 것 같았어요. 잘 왔다고 말이죠. 웅장한 지광국사 탑비 아래서는 역사의 아픔과 현시대의 무관심을 느낄 수 있었습니다. 이후 거돈사지, 흥원창 등 소설 속에 나오는 장소를 직접 안내해 주셨어요. 맛깔스러운 설명도 곁들이시면서요.

이 작은 마을에 이렇게 크고 많은 유적지와 명소가 있다는 게 신기했습니다. 제가 뭐라고 작가님께서 직접 친절하게 안내해 주시고 설명해 주셔서 특별대우를 받는 것 같아 황송하기도 했습니다.

같이 다니다 보니 작가님에게서 포근한 향기나 느껴졌습니다. 말로는 표현할 수 없는데 고향의 향기라고나 할까요? 11년을 부론에 사시면서 부론을 사랑하는 마음이 깊으셔서 그러리라는 생각이 들었습니다. 부론에서 얻은 게 더 많다고 하셨습니다. 작가님을 품어준 그곳을 온전히 사랑하는 마음이 느껴졌어요. 그 마음이 포근한 향기로 다가왔나 봅니다. 그 마음이 소설에 녹아 있던 것이지요.

작가님께서 "문장은 마음이다"라고 하셨어요. 참 마음에 와닿는 말씀입니다. 그 말씀을 듣고 이런 생각이 들더군요. '향기도 마음이다.' 나는 어떤 향기를 품고 있을까요? 생각이 깊어지는 아침입니다.

오늘도 책을 통해 기적을 경험하세요. 아자!!!

096 나는 현재 무엇을 이루었는가?

오늘의 질문

당신은 현재 무엇을 이루었습니까?

벌써 11월입니다. 참 빠르죠? 지나간 10개월을 돌아보며 문득 나는 무엇을 가지고 있는지 궁금했습니다. 많은 일을 했었는데 손에 잡히는 것이 없다고 생각했습니다. 초조했습니다. 이룬 거 하나 없이 2020년을 보낼 수도 있겠다는 다급함이었습니다.

그런데 『잘라라, 기도하는 그 손을』이라는 책을 펴자마자 눈에 띄는 문장이 있습니다.

초조해하는 것은 죄다.

이야기를 천천히 풀어가자는 저자의 마음을 표현한 문장이었지만 저에게는 다른 의미로 다가왔습니다. 초조해하는 것은 지금 내가 가고 있는 길에 대한 불안감을 나타내는 마음입니다.

문장을 읽고, 초조해하지 않기로 했습니다. 내가 가는 방향이 확실하다는 것을 더 믿기로 했습니다. 이제 흔들리면 더 가야 할 곳도 없습니다. 정해진 길을 묵묵히 가야 합니다. 무엇을 이루었다는 것이 중요한 게 아니고 무엇을 하고 있는가가 중요합니다. 눈을 감고 곧 다가올 미래가 현실이 되는 것을 봅니다. 그리고 지금 그 길을 걸어갑니다. 그것만이 답입니다.

오늘도 책을 통해 기적을 경험하세요. 아자!!!

PART 5

사소하고 지루한 것의 반복으로 진심을 담는다.

그리고 겨울

097 즐길 준비가 되어 있는가?

『작은 선술집, 오술차의 기적』을 읽으면서 가장 절실하게 다가왔던 화두가 '먼즐주'와 '돈즐주'였습니다. 다시 읽는 지금도 마찬가지입니다. 요즘 상황에는 특히 더 다가오는 단어입니다.

먼즐주와 돈즐주가 뭐냐구요? '먼즐주'는 '먼저 즐거울 수 있는 주인장'이고 '돈즐주'는 '돈이 벌리면 즐겁다는 주인장'을 줄여서 저자가 만든 말입니다. 오술차의 주인장들은 먼저 즐기는 주인장이 되었습니다. 장사를 준비하다가 불쑥 전 직원들과 함께 대천해수욕장으로 놀러 갑니다. 개업 100일 파티와 크리스마스 파티를 합니다. 직원 생일을 축하한다며 공짜 술을 돌리고 손님들과 함께 축하합니다. 직원과 손님이 함께 노는 공간을 만들었습니다. 그렇게 판을 만들어주니 직원과 손님 모두가 만족할 수밖에요.

'돈을 벌기 위해서는 싫은 일도 해야 한다'와 '내가 즐거운 일을 하면 돈은 저절로 벌린다' 중 뭐가 맞는지는 아직 모르겠습니다. 즐겁게 일하면서 돈을 벌어본 경험이 없기 때문입니다. 돈을 벌기 위해 직장을 다닐 때는 즐겁지 않았습니다. 독서 컨설팅 사업을 하면서 즐겁게 일할 때는 돈이 벌리지 않았습니다. '돈'과 '즐기는 것'을 접목하기가 쉽지 않았습니다.

그렇다면 '지금 하는 일을 즐겁게 하면 어떨까? 관점을 바꿔서 일한다면 즐거워질까?' 생각해 봅니다.

그냥 직원의 마음으로 일하는 관점과 창업을 앞둔 사장의 마음으로 일하는 관점은 분명 다릅니다. 힘들고 어렵게 느껴지는 일들이 꿈을 이루는 과정으로 받아들여지게 되면서 고통이 즐거움으로 바뀝니다. 제가 요즘 겪는 의식의 변화입니다. 그래서 가족들이 힘들겠다고 걱정하지만 저는 힘들지 않습니다. 더 마음껏 즐길 예정입니다.

어차피 시간은 갑니다. 그 시간을 내가 주연으로 사느냐 조연으로 사느냐가 '먼즐주'와 '돈즐주'의 차이라는 생각이 드네요. 오늘은 '먼즐주'로 살아가시기를 바랍니다.

오늘도 책을 통해 기적을 경험하세요. 아자!!!

098 용기란 무엇인가?

500페이지에 달하는 이인휘 작가님의 『노동자의 이름으로』를 읽었습니다. 예전 같으면 '노동자'라는 이름이 주는 거부감으로 인해 읽기를 꺼려했을 책입니다. 나와는 다른 분야의 이야기라 생각했을 거고요.

하지만 이 책의 이야기는 제 이야기였습니다. 알지만 외면하고 있었던 삶의 이야기였고, 알게 되면 힘들어질까 봐 알기를 거부했던 이야기였습니다. 그러고는 마치 다 아는 것처럼 입으로만 나불댔었습니다. 제 삶의 모습이 부끄러움으로 다가왔습니다. 이 문장이 저를 더 아프게 합니다.

> 한 번 비겁해지면 두 번 비겁해지고, 한 번 용기를 내면 백배 용기가 생긴다!

자신의 소신을 지키기 위해 용기를 잃지 않은 사람들, 두려움에 맞서 자신을 던졌던 사람들이 끝까지 붙들고 있었던 확신이었습니다. 이렇게 온몸을 희생한 마음은, 자신이 하나의 불씨가 되어 더 창대하게 타오르기를 바랐던 숭고한 정신이었습니다. 아마도 그들이 발화점이 되어 세상이 조금씩이나마 변하지 않았을까요? 수많은 불면의 밤을 어떻게 보냈을까요? 두려움과 회의감 속에서 버텼을 날들이 떠올라 저도 두려웠습니다.

양보라는 이름으로, 타협이라는 명분으로 쉽게 뒤로 물러섰던 지난날을 떠올려봅니다. 용기보다는 비겁함을 택했고 그것이 맞는다고 생각했습니다. 좋은 말로 배려였고 그것이 상대방과 내가 상처받지 않는 방법이라고 생각했습니다.

문득 20년 전 처음으로 퇴사를 결심했을 때 선배가 해주었던 말이 떠올랐습니다. '모든 사람이 너를 좋아하는 것이 너의 장점이자 단점이야.' 처음에는 그 뜻이 뭔지 몰랐습니다. 그런데 시간이 지나면서 그 선배가 저를 정확히 봤다는 생각이 들더군요. 저만의 색깔이 없다는 뜻이었습니다.

한 번 우뚝 설 수 있는 용기, 아니라고 말할 수 있는 용기, 내가 옳다고 외칠 수 있는 용기가 필요합니다. 자기 확신이 있을 때 용기는 생겨납니다. 용기로 밀고 나가 확신이 배가 되면 더 큰 용기가 나를 밀고 나갑니다. 그렇게 선순환되며 나를 바꾸는 겁니다. 이제부터 쉽게 타협하려는 마음이 생길 때마다 '한 번 용기를 내면 백배 용기가 생긴다!'는 말을 새기겠습니다.

오늘도 책을 통해 기적을 경험하세요. 아자!!!

099 주인이 잘 놀아야 장사가 잘된다

매장 직원은 가게 주인의 눈치를 봅니다. 사장이 풀이 죽어 있으면 덩달아 기가 죽은 상태로 서비스를 합니다. 손님은 가게의 분위기를 살핍니다. 기꺼이 돈을 내고 즐기러 들어온 가게의 분위기가 어두우면 손님은 지갑 여는 걸 아까워합니다. 다시 방문하기 어렵습니다.

열심히 하지 말고, 잘 놀라고 합니다. 일에 대한 애정이나 즐거움은 인위적으로 꾸며낼 수 있는 것이 아닙니다. 그 섬세한 작은 부분을 직원과 손님이 느낍니다. '놀이'의 수준이 되면 영감을 받습니다. 창조력이 생성됩니다. 매장이 변합니다. 마찬가지로 직원과 손님이 느낍니다.

『아티스트 웨이』에서는 창조력의 원천인 '아이'를 꺼내라 합니다. 내면에 있는 아이를 꺼내 이야기하고 함께 뛰어놀라 합니다. 그럼 더욱 창조적 활동을 할 수 있게 되고, 창조적 활동은 다시 활동의 주체에게 에너지를 선사합니다. 그 에너지는 작품 완성에 영향을 끼치고, 결과물이 나타납니다. 긍정 사이클이 형성됩니다.

모 회사의 대표는 밝은 것 하나로 투자받았습니다. 스타트업이 사업 어렵게 하는 거야 당연한 건데, 그 와중에도 밝게 사업을 하는 사람이 있다는 것에 인상 깊었던 거죠. 요즘 같은 시기에 밝아지기 어렵다는 거 압니다. 그럼에도 불구하고 현실을 뛰어넘으려는 노력에 나만의 기적이 일어나는 듯합니다. 기적이 별건가요, 고객을 위해 어제 안 하던 걸 오늘 하는 거죠.

오늘도 책을 통해 기적을 경험하세요. 아자!!!

100 Amor fati!: 네 운명을 사랑하라!

"Amor fati!"

김연자의 노래 제목으로 잘 알려져 있죠.

『곁에 두고 읽는 니체』를 통해 처음 니체를 읽습니다. 독서모임을 주관하는 대표님 덕분에 읽게 된 책입니다. 책의 뒤표지에 적힌 "Amor fati"라는 문장을 보고는 이 말을 니체가 했다는 걸 알게 되었어요. 무식이 드러나는 순간이었지요. 얼른 해당 페이지를 펼쳐봤습니다.

그 페이지에는 운명에 묵묵히 순종하는 삶에는 창조성을 찾아볼 수 없다며, 운명을 받아들이고 사랑할 때 새로운 삶을 이루게 되고, 창조성이 큰 힘을 발휘한다는 내용이 있었습니다.

'네 운명을 사랑하라'는 말은 운명에 순종하라는 말이 아니었습니다. 적극적으로 자신의 것으로 받아들이라는 말이었어요.

대기업을 퇴직하고 투자 회사에 들어갔다가 예기치 않게 시련을 겪었습니다. 독서를 통해 시련을 극복하고 행복하게 독서 컨설팅 회사와 함께했었습니다. 이후 '해적이 사랑한 인문학'이라는 독서모임으로 다시 시작해 이제 외식사업 패밀리로 팀을 구축해 가고 있습니다. 대기업을 그만둘 때는 내가 이 자리에 서 있으리라고는 전혀 생각지도 못했었죠. 이게 운명인가 싶습니다.

그렇다면 내 운명을 사랑하겠습니다. 이후 방향이 어떻게 달라질지는 모르겠어요. 또 전혀 예상치 못하는 방향으로 갈 수도 있겠지요. 그렇더라도 내 운명을 사랑하기로 했습니다. 어쩌면 에크하르트 톨레가 이야기한 '지금 이 순간을 살아라!'와 일맥상통하는 말입니다. 지금 이 순간을 사는 것이 운명을 사랑하는 것이요, 내 삶을 창조적으로 사는 길입니다.

Amor fati!

오늘도 책을 통해 기적을 경험하세요. 아자!!!

101 다 맛있어요?

메뉴가 가득한 식당에 들어가 주인에게 묻습니다.

"여기 뭐가 맛있어요?"

"다 맛있어요."

이런 대답이 돌아오면 '아, 이 집은 맛있게 추천할 만한 음식이 없나 보다'라고 생각합니다.

『작은 가게에서 진심을 배우다』의 김윤정 저자도 똑같은 생각을 했나 봅니다. 가장 비싼 메뉴를 추천받고 장삿속에 낚인 것 같아 씁쓸했다고 하니, 그 기분에 공감이 갔습니다.

'메뉴가 이것밖에 없어요?'라는 질문에 유혹을 겪긴 했지만 그 유혹을 이겨내고 막국수 하나로 승부를 본 저자의 뚝심은 내가 맞는다는 확신이요, 그 확신이 가져온 용기였습니다. 백종원의 골목식당에서 가장 중점을 두는 것이 메뉴의 단순화와 그것을 계속 지켜나가는 뚝심과 용기인 것을 보면, 내 확신을 지켜나가는 것만큼 중요한 것도 없습니다.

삶도 마찬가지입니다. 지난번 선배가 이야기했다던 제 장점과 단점에 관한 이야기가 다시 생각났습니다. 저는 나를 찾는 모든 사람에게 '다 맛있는 존재'가 되고 싶었나 봅니다. 그래서 상대방이 어떤 이야기를 하거나 행동을 해도 거기에 맞추려고 했습니다. 내 생각과 고집을 뒤로하고 그의 말에 맞췄습니다. 그래서 다 맛있다고 생각이 들긴 하지만 특별하게 뭐가 맛있는지 기억이 나지 않는 식당 같은 존재였습니다. 슬펐습니다. 내 색깔이 없다는 것이 어떤 의미인지 알 것 같았습니다.

1,000명, 10,000명을 만족시킬 수 있는 음식 맛을 내기는 쉽지 않습니다. 그들의 요구를 다 맞추기도 어렵습니다. 하지만 누군가는 내 음식을 좋아해 줄 것이라는 확신으로 1명, 2명의 손님에게 최선을 다하다 보면 그 숫자가 1,000명, 10,000명으로 늘어난다는 걸 깨달았습니다.

나를 만나는 모든 사람을 다 만족시키려 노력하지 않아도 되겠다는 생각입니다. 내 이야기에 공감해 주는 사람이 1명일 뿐이라도 그와 확신을 나누고 함께한다면 결코 외롭지 않을 겁니다. 그런 사람들이 모여 팀을 이루고 같이 하는 지금이 참 좋습니다. 여러분도 여러분만의 맛을 지켜내는 맛집이 되시기를 바랍니다.

오늘도 책을 통해 기적을 경험하세요. 아자!!!

102 85점에서 95점이 갖는 동일함

용인의 어느 유명한 막국수집 사장님은 100점짜리 음식보다는 85점에서 95점 사이의 음식을 내려고 노력한다고 했습니다.

『작은 가게에서 진심을 배우다』의 저자 이야기입니다. 저는 이 부분에서 편안함을 느꼈습니다. 100점짜리 인생을 살아야겠다는 결심으로 경직되어 있는 마음을 풀어주는 느낌이었거든요. 삶의 여유를 선물 받은 기분이었습니다. 최고의 정점을 향해 가야 한다는 강박을 줄여주는 말이었습니다.

한편으로는 달리 생각해 보니 85점에서 95점짜리 음식을 지속적으로 만들어 내는 것이 더 힘들 것 같았습니다. 100점짜리가 되고 싶은 욕망을 내려놓아야 하는 절제가 있어야 하고 85점 아래로 떨어지지 않기 위한 노력이 뒷받침되어야 합니다.

100점짜리 인생을 지속하기는 쉽지 않습니다. 100점짜리가 되기 위해 애쓰다가 50점도 되지 않는 점수를 맞기도 합니다. 그렇게 오르내리는 게 삶입니다. 이렇게 편차가 심한 삶은 쉽게 지치기 마련입니다. 그래서 85점에서 95점 사이를 꾸준히 유지할 수 있는 삶을 사는 것이 현명할 것 같습니다.

꼭대기에 서야 한다는 날카로운 긴장감을 버릴 수 있고, 그 이하로 떨어지지 않기 위해 노력해야 하는 둥글둥글한 긴장감을 잃지 않을 수 있다면 이 삶이 더 풍요롭지 않을까요? 여러분은 몇 점짜리 음식을 만들고 계시나요?

오늘도 책을 통해 기적을 경험하세요. 아자!!!

103 믿어보라는 말이 주는 무게

믿어보라는 한마디 말에 결혼하고 들기름 막국수를 만든 주인장이 있습니다. 들기름 막국수는 국숫집 메뉴판에도 없는 메뉴라고 하네요. 매운 걸 먹지 못하는 남편 주인장의 입맛에 맞춰 주인장들만 먹는 메뉴였다고 합니다.

그런데 어느 날 옆 손님이 그 메뉴가 뭐냐고 물어봤고, 용기를 내어 드셔보시라고 권한 것이 지금의 시그니처 메뉴가 되었답니다. 자신들이 맛있게 먹던 맛에 대한 믿음이 있었기에 손님에게 권할 수 있었겠죠. 믿어보라는 말은 결국 나를 믿는다는 말이었습니다. 『작은 가게에서 진심을 배우다』라는 책에 소개된 주인장의 일화입니다.

믿어보라는 말을 들으면 정말 믿게 되는 건가요? 일단은 믿어볼게 하며 의심의 눈초리를 거두지 않습니다. 내가 직접 확인하고 경험하게 되었을 때 비로소 믿게 됩니다. 믿지 못하는 것은 상대방에 대한 불신도 있겠지만 받아들이는 나에 대한 불신도 있겠다고 생각했습니다. 상대가 말하는 그대로 내가 받아들일 수 있을지에 대한 확신 말이죠.

물론 믿음은 근본적으로는 말을 뱉은 사람에 대한 신뢰감이 먼저입니다. 믿어보라는 그 말에 무게를 실으려면 평소 삶의 태도가 믿음이 되어야 합니다. 내가 보여주는 삶이 본보기가 되어야 상대방이 나를 믿게 되는 거죠. 말이 우선이 아니라 행동이 우선이 되어야 합니다. 삶은 그렇지 않은데 믿어보라는 말만 남발하는 사람이 있습니다. 그의 말에 무게감이 없는 건 당연합니다. 무게가 없는 말은 허공에 흩어질 뿐입니다.

항상 말이 우선하는 사람이 되지 않도록 경계하지만 쉽지 않습니다. 당장의 위기를 모면하기 위해 쉽게 뱉은 말은 더 큰 갈등을 야기합니다. 그 갈등을 해소하기 위해 비굴해질 수밖에 없는 시간을 경험해야 합니다. 그러지 않기 위해서는 말을 쉽게 꺼내지 않거나 꺼낸 말에 책임을 져야 합니다. 믿어보라는 말을 믿은 대가로 많은 상처를 받았습니다.

이제는 내가 그 말로 누구에게 상처를 주지는 않았는지 돌아보고 있습니다. 상처를 주지 않는 방법은 내가 나를 믿고 행동으로 보여주는 길밖에는 없습니다. 나를 믿는 하루가 되시기를 바랍니다.

오늘도 책을 통해 기적을 경험하세요. 아자!!!

104 지루한 반복이 주는 진심의 힘

사소하고 지루한 것의 반복으로 진심을 담는다.

책 한 권에서 많은 것을 배웁니다. 『작은 가게에서 진심을 배우다』 이 책을 한 문장으로 표현하면 위의 문장이지 않을까 생각해 봅니다. 저자의 말대로 가게를 운영하기 위한 특별한 기술 같은 것은 담겨 있지 않습니다.

하지만 가게를 운영하며 저자가 느꼈던 진심이 담겨 있습니다. 손님에 대한 사랑이 묻어 있습니다. 그 사랑은 사소하고 지루한 것의 반복을 견뎌내게 했고 그것을 기쁨으로 받아들이게 했습니다. 숱하게 들었던 반복의 힘에 대한 말이 이렇게 감동으로 다가오는 것은 또 다른 경험입니다. 또한 매일 반복적인 일을 하는 저에게 힘을 주는 말이었습니다. 책 한 권이 주는 힘을 다시 느낍니다.

니체는 세상을 살아가는 데 도움이 될 것 같은 처세적인 내용만을 가르치는 가짜 교사에 대해 이야기합니다. 그들은 하나같이 기술적인 방법만을 말하며 인간과 사물의 본질에 대해서는 절대 말하지 않는다고 합니다.

장사에 관한 수많은 책이 있습니다. 많이 읽어보지는 않았지만 어떻게 장사를 하면 성공할 수 있는지에 대한 기술적인 내용을 담은 책들이 많습니다. 그 책들도 장사를 모르는 사람들이나 장사가 힘든 사람들에게 도움이 되는 것 또한 사실입니다. 그렇지만 방법적인 부분은 배운다고 쉽게 내 것이 되지 않습니다. 내 진심이 담기지 않거나, 갈고닦아 능해지지 않으면 온전히 내 기술이 되지 않기 때문입니다.

손님에 대한 진심, 사소한 것을 사소하게 여기지 않는 세밀한 마음을 담았기에 이 책이 더 마음에 들어옵니다. 본질을 담았다는 생각이 들거든요.

이제 우리도 진심을 담아 꿈을 만들고 그 꿈을 실현하게 할 겁니다. 사소하고 지루한 반복의 힘으로 말이죠.

오늘도 책을 통해 기적을 경험하세요. 아자!!!

105 2021년을 출발하는 한 단어

2020년 1월에 시작한 '굿모닝 북모닝'이 1년여의 시간 동안 225회를 기록했습니다. 매일 아침 올리는 글을 멈추지 않고 지속할 수 있었던 것은 읽어주시고 응원해 주시는 여러분들의 덕분이 아닌가 생각합니다. 2021년도 여러분에게 따뜻한 아침 한 끼를 선사하는 '굿모닝 북모닝'이 되도록 노력하겠습니다.

여느 때와는 다르게 조용한 신년을 맞이하고 있습니다. 그렇지만 조용한 분위기와는 다르게 각자가 준비하는 2021년은 역동적일 거라는 생각이 듭니다. 힘든 2020년을 내려놓고 기대되고 흥분되는 새해를 준비하고 있을 테니까요.

2021년은 어떤 계획들을 갖고 계시나요? 여러 단어와 문장으로 계획들을 기록했을 겁니다. 하고 싶은 것도 많고 이루고 싶은 것도 많아서 다 적다 보면 노트 한 페이지로 부족할 경우도 있을 겁니다. 저도 여러 가지를 곰곰이 생각하다가 문득 수년 전에 읽었던 책의 내용이 생각나서 2021년을 준비하는 마음을 한 단어로 정리했습니다.

그 책은 『원 워드』라는 책인데요, 새해를 인생 최고의 해로 만들어줄 하나의 단어를 찾아서 그 단어에 집중해서 살아보자는 내용입니다.

저자는 그 한 단어를 통해 인생의 변화를 겪었다고 합니다.

다시 이 책을 읽으며 한 단어에 집중하자는 각오를 했습니다. 그래서 저는 2021년을 책임질 단어로 '중심'을 선택했습니다. 내가 중심축이 되어 변화를 이끌어보자는 뜻이 있고 굳건히 중심을 잡고 흔들리지 않는 2021년을 보내자는 뜻이 있습니다.

2021년을 이끌고 갈 한 단어를 선택하기 위해서는 심사숙고해야 합니다. 2021년이 그 단어가 의미하는 대로 흘러갈 것이기 때문입니다. 2021년에 필요하거나 하고 싶은 것들을 여러 개의 단어로 적어보고 그 중에 덜 중요하다고 생각되는 것들을 제거하다 보면 절실한 한 단어가 보일 겁니다.

그 단어를 2021년의 원 워드(one word)로 정하시면 됩니다. 여러분이 정하실 원 워드가 무엇일지 궁금합니다.

오늘도 책을 통해 기적을 경험하세요. 아자!!!

106 올해는 어떤 책과 함께하실 건가요?

2021년을 시작하면서 어떤 책을 읽을까, 고민이 많습니다. 다양한 종류의 책을 읽었다고 생각했습니다. 그런데 편중된 독서를 하고 있었더군요. 자기계발서가 많았고 읽기 쉬운 책에 치우쳤습니다. 물론 그 책들이 나쁘다는 이야기는 아닙니다. 제 사고의 방향이 한쪽으로 기울었다는 말씀을 드리는 겁니다.

책을 본격적으로 읽기 시작하면서부터 저에게는 숙제가 하나 있습니다. 책장 한편에 자리하고 있는 200권의 고전문학책입니다. 언젠가는 저 책을 다 읽으리라 다짐했었는데 다짐만 올해로 3년째입니다. 200권 중에 10여 권 정도 읽었습니다. 왜 읽지 못하나 생각해 봤는데 사고와 상상력을 길게 끌고 가는 힘이 부족해서입니다. 긴 호흡으로 이끌고 가지 못하는 거죠. 그동안 책도 인스턴트 음식을 먹듯이 읽지는 않았는지 반성합니다.

나를 우뚝하게 성장시킬 수 있는 독서에 집중하려 합니다. 내 중심을 잡아줄 수 있는 독서, 내 정체성을 확고하게 하는 독서. 그저 읽는다는 행위에만 의미를 두는 독서가 아닌 나를 만들어가는 독서를 하고자 합니다. 길게 사색하고 숙고하며 나를 확장할 수 있는 독서를 다짐하며 책장에 꽂혀 있는 고전문학집을 노려봅니다.

오늘도 책을 통해 기적을 경험하세요. 아자!!!

107 『나의 라임오렌지나무』를 읽어보셨나요?

『나의 라임오렌지나무』라는 책 이름을 듣는 순간 당연히 읽었을 것이라고 생각했습니다. 그리고 어딘가 그 책이 있을 거라고 확신하고는 집을 뒤졌습니다. 그런데 없었습니다. 그리고 저는 이 책을 읽은 적이 없었습니다. 워낙 유명한 책이라서 읽었을 것이라고 착각했던 겁니다. '제제'라는 주인공의 이름만 알고 있을 뿐 내용은 전혀 모르고 있는 것이 그 증거였죠.

당장 책을 구입하고 읽기 시작했습니다. '슬프도록 아름다운 우리 시대 성장 문학의 고전'이라는 표지 문구를 읽을 때까지만 해도 이 책이 이렇게 슬플 줄은 몰랐습니다. 어린 시절 누구나 겪었을 법한 성장통에 관한 이야기가 아니었습니다. 사랑받지 못하며 자라던 아이가 감당해야 하는 상처와 고통에 관한 이야기였습니다. 가장 사랑했던 사람을 떠나보내며 죽음 직전까지 갔었던 어린아이의 가슴 아픈 사랑 이야기였습니다. 여섯 살도 되지 않은 아이에게는 감당하기 힘든 일이었습니다. 그 고통에서 깨어나고 보니 어른이 되어 있었습니다.

책을 읽으며 눈물을 흘리고 있는 내 자신이 당황스러웠습니다. 그렇게 슬픈 문구로 쓰여 있지 않은데도 불구하고 가슴 한구석이 저리며 눈물이 저절로 흐르더군요. 읽으면서 참 주책이라고 생각했습니다. 그러면서도 감정을 숨기고 싶지 않더군요. 그렇게 '제제'의 환상과 꿈에 같이 웃고, 슬픔에 같이 울면서 책을 읽었습니다. 제제가 '뽀르뚜까'를 만나 친구가 되었을 때는 저도 기뻤습니다. '뽀르뚜까'야말로 '제제'를 있는 그대로 받아들이고 사랑해 주는 존재였기 때문이죠. 그가 '나의 라임오렌지나무'였습니다.

나에게도 그런 존재가 있을까, 생각해 봤습니다. 나를 있는 그대로 받아주고 사랑해 주는 라임오렌지나무! 그러다가 생각을 바꿨습니다. 나는 누군가에게 '라임오렌지나무'가 되어주고 있는가? 자신이 없습니다. 내 기준을 잣대로 평가하고 판단하는 버릇이 몸에 배어 있기 때문입니다.

있는 그대로 사랑한다는 것이 어렵습니다. 상대방에게도 그렇고 나 스스로에게도 그렇습니다. 세상이 정해 놓은 제도와 규범에 따라야 한다는 강박관념이 나를 사랑하는 것조차 힘들게 합니다. 생각이 여기까지 미치자 '누군가에게 라임오렌지나무가 되어주고 있는가'라는 질문이 오만이었음을 느낍니다.

먼저 내가 나에게 '나의 라임오렌지나무'가 되어주어야겠습니다. 그래야 남에게도 가능할 수 있기 때문입니다. 여러분의 '나의 라임오렌지나무'는 누구인가요?

오늘도 책을 통해 기적을 경험하세요. 아자!!!

108 꿈을 파는 사람들

저에게는 꿈이 있습니다. 언제부터 구체화되었는지는 모르겠습니다. 오랫동안 간직했던 생각의 조각들이 퍼즐처럼 맞춰지는 느낌입니다. 큰 꿈은 아닙니다. 그 꿈이 뭐냐고요?

조용하고 한적한 시골 동네에 조그마한 서점을 하나 차리는 겁니다. 카페도 같이 할 수 있으면 좋겠습니다. 책도 팔고 커피도 파는 거죠. 커피는 핸드드립으로만 제공할 겁니다. 제가 직접 정성스럽게 내려 대접하고 싶습니다. 제가 내린 커피가 제법 맛있거든요. 책은 제가 읽었던 책으로만 채워놓으려 합니다. 제가 읽지도 않은 책을 손님에게 권하고 싶지 않거든요.

시골 동네라 손님이 많지는 않겠지만 오시는 손님에게는 공감하는 책을 추천할 겁니다. 서점에서는 눈치 보지 않고 마음껏 책을 보실 수 있도록 하고 싶어요. 커피 한 잔 마시면서 하루 종일 책을 읽어도 좋은 그런 서점 말이죠.

참 소소한 꿈이라고 생각했습니다. 그런데 상상으로나마 구체화하다 보니까 이게 보통 일이 아닐 것 같습니다. 가장 큰 이유는 경제적 이유입니다. 시골 동네에 많은 사람이 찾아오지는 않을 것 같고, 따라서 서점과 카페를 운영해서 큰 수익을 내기가 쉽지 않을 것 같습니다.

이 서점을 운영하기 위해서는 다른 일을 병행하거나 미리 경제적인 여유를 마련해야겠더라고요. 다른 일을 병행하기는 싫습니다. 그렇다면 서점을 차리기 전에 재정적으로 충분한 수준이 되어야겠죠?

그래서 지금 열심히 뛰고 있습니다. 매일 밤 공유주방에서 일을 배우고 있습니다. 이제 곧 대학로에 있는 피자집의 운영진으로 합류합니다. 조만간 프랜차이즈 가맹점주로도 일을 시작할 겁니다. 이렇게 열심히 일하면 경제적 자유를 누릴 수 있을까요?

물론 이것만으로도 가능할 수 있겠지만 저에게는 비장의 무기가 있습니다. 바로 회사가 실험하는 '패밀리 체인'입니다. '패밀리 체인'이란 쉽게 말하면 본사와 가맹점주가 상호 주주가 되는 겁니다. 계약자와 피계약자의 관계만이 아니라 서로 지분을 공유함으로써 공동의 이익을 추구하는 거죠. 상생하는 구조입니다. 협동조합의 형태를 주식회사에서 실현해 보자는 실험입니다.

이 패밀리 체인이 확고하게 운영이 되면 경제적 자유는 더욱 빨리 다가올 것이라 확신합니다. 그러면 제 꿈이 이루어지는 것도 빨라지겠죠. 제 꿈을 응원하기 위해 제 아내도 과감하게 투자했습니다. 참 사랑스러운 아내입니다. 아내를 위해서라도 이 사업은 성공해야 합니다.

『식당 사장 장만호』라는 소설이 있습니다. 소설 속 주인공은 공장에서 노동 운동을 하다가 교통사고를 크게 당한 이후 우연하게도 식당을 운영하게 됩니다. 식당을 운영하면서 온갖 희로애락을 다 겪습니다. 배신, 파산, 이혼 등등.

이후 삶에 대한 깨달음을 얻고는 수백 년 된 느티나무 아래에 '느티

나무 식당'을 차립니다. 손님들에게 따스한 밥 한 끼를 대접하기 위해서입니다. 느티나무 아래 평상에 둘러앉아 도란도란 밥을 먹던 그 풍경을 떠올리면서 말이죠. 이제 저도 소박한 제 꿈을 실어 손님에게 보냅니다.

그래서 우리는 꿈을 파는 사람들입니다. 저희는 꿈을 팔고 손님은 꿈을 먹습니다. 그렇게 온 세상에 꿈이 가득 퍼지는 꿈을 꿉니다.

오늘도 책을 통해 기적을 경험하세요. 아자!!!

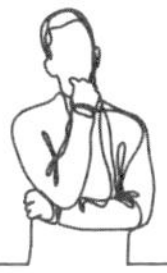

네 마음을 따르라.
그러면 네가 사는 동안
네 얼굴이 빛나리라.

_프타호텝의 지혜

109 미친 사람들

나이키의 창립자 필 나이트는 스물네 살의 나이에 어느 날 새벽에 달리기를 하면서 이런 결심을 했습니다. '세상 사람들이 미쳤다고 말하더라도 신경 쓰지 말고, 어떤 일이 닥치더라도 멈추지 말고 계속 가자' 라고 말입니다. 스물네 살의 나이에 말이죠.

제 스물네 살 시절을 떠올려봅니다. 이제 막 군대에서 제대해 복학을 앞두고 연극 공연을 할 때입니다. 졸업한 선배들과 재학생들이 함께 준비하는 연극이었는데 제가 기획을 맡아 동분서주했던 기억이 떠오릅니다. 당시에는 정말 즐거웠습니다. 그런데 어느 하나에 미친 듯이 몰입하지는 못했던 것 같아요. 스물네 살의 나이에 저런 결심을 하다니 참 대단하다는 생각이 들었습니다.

『슈독』을 읽으면서 왜 사업을 하는 걸까? 어떤 사람들이 사업을 하는 걸까? 생각해 봤습니다. 사업은 온갖 어려움과 싸워야 하는 일입니다. 필 나이트만 해도 거래처의 배신, 끊임없는 자금 압박, 회사가 곧 망할지도 모른다는 불안감 등과 싸워가며 나이키를 이끌어갑니다. 창립해서 수년이 지나도록 자신은 월급도 가져가지 못한 채 간신히 회사를 운영해 갑니다.

왜 이런 어려운 길을 택했을까요? 그는 회계사로 근무하면서 안정적인 직장과 가정을 꾸릴 능력이 충분했는데도 말이죠.

사업가들은 DNA가 남다른 걸까요? 그럴 수도 있겠지요. 제가 생각하는 사업가들의 공통점은 '미친 사람들'이라는 겁니다. 그리고 남들의 말에 크게 신경 쓰지 않습니다. 경청은 하지만 그들의 말에 휘둘리지 않습니다. 정해 놓은 목표에 도달할 때까지는 멈추지도 않습니다. 실패를 두려워하지 않고 전진합니다. 그래야 그들은 숨을 쉴 수 있습니다. 그 길을 가야 하는 숙명 같은 걸 타고난 사람들이니까요.

저도 여기까지 온 걸 보면 이제 미친 사람들의 대열에 합류한 것 같습니다. 아니 회사를 퇴직할 때부터 시작되었는지도 모릅니다. 이 길이 저를 어디까지 이끌어갈지 궁금하지만 한 가지 결심은 분명합니다.

어떤 일이 닥치더라도 멈추지 말자!

오늘도 책을 통해 기적을 경험하세요. 아자!!!

110 매일 하는 세 가지

나이키 창업자 필 나이트가 매일 빼먹지 않고 하는 세 가지가 있었습니다. 6마일 달리기, 아들들에게 옛날이야기 해주기, 그리고 아버지와 통화하기였습니다. 이 세 가지는 즐거운 일이 있을 때나 힘든 일이 있을 때나, 기쁠 때나 슬플 때나 항상 계속됐습니다. 그리고 그 세 가지는 필 나이트를 쓰러지지 않고 버틸 수 있게 하는 버팀목이었습니다.

저도 매일 아침 반복적으로 하는 것이 있었습니다. 새벽 5시 기상, 명상, 새벽 독서, 글쓰기. 그런데 지금은 글쓰기 한 가지만 하고 있습니다. 핑계는 있습니다. 밤늦게까지 일했으니 아침에 조금 늦게 일어나도 된다고 스스로를 달랬습니다. 그게 연쇄반응을 일으켜 명상도 새벽 독서도 흐지부지되더라고요. '굿모닝 북모닝'이 없었더라면 글쓰기도 하지 못했을 겁니다.

하루쯤 건너뛴다고 해서 뭐가 달라지겠어? 다음 날부터 하면 되지 뭐! 하는 안일한 생각으로 인해 견고하게 쌓여 있던 습관의 틀이 무너지고 말았습니다. 완전히 허물어지지는 않고 바로 세울 기초는 남아 있어서 위안이 되기는 하지만 이마저도 지금 다시 쌓지 않으면 파도에 휩

쓸려 버린 모래성처럼 되지 않을까 걱정입니다. 걱정만 한다고 뭐가 달라지겠습니까. 지금부터라도 바로 세워야죠. 하면 됩니다. 다시 새벽 5시에 일어나면 됩니다. 그러면 그다음은 저절로 돌아갑니다.

어제 무슨 일이 있었더라도, 오늘 어떤 일이 닥칠지라도 무조건 해내는 일이 있으신가요? 이런 핑계 저런 핑계 대지 않고 꼭 하는 일 말이죠. 작심삼일이 지났다면 다시 시작해 보시는 건 어떨까요?

오늘도 책을 통해 기적을 경험하세요. 아자!!!

111 회복탄력성이 높으신가요?

회복탄력성이란 '크고 작은 다양한 역경과 시련과 실패에 대한 인식을 도약의 발판으로 삼아 더 높이 뛰어오르는 마음의 근력을 의미한다'고 이야기합니다. 『아비투스』에서는 '넘어졌으면 다시 일어나서 숨을 크게 쉬고 계속 가던 길을 가면 된다'고 하면서 서양의 상류층, 부유층, 귀족들의 자녀들은 회복탄력성을 교육받는다고 소개합니다. 과연 회복탄력성은 교육으로 갖춰지는 것일까요? 아니면 개인의 내면에 이미 내재되어 있는 무엇일까요?

며칠 전 한 대표를 만났습니다. 그는 유통업으로 100억 매출을 올릴 정도로 잘나가던 사장님이었습니다. 하지만 그에게 시련이 다가왔습니다. 한순간의 실수로 인해 모든 걸 잃고 지금은 배달대행업체의 라이더로 일합니다. 그가 라이더로 일하면서 받는 돈은 한 건에 3,000원입니다. 불과 1년도 되지 않은 시간에 이렇게 인생이 바뀌다니.

그는 라이더 일을 하면서 죽을 뻔한 사고도 겪었습니다. 휴식이 필요하다는 병원의 권유에도 불구하고 다음 날 바로 오토바이를 탔습니다. 동료들이 다 놀랐다고 합니다. 사고가 난 다음 날 바로 일 나가는 사람이 어디 있냐고 말이죠.

그는 라이더 일을 하면서 겸손을 배웠다고 했습니다. 지금 모든 것에 감사하며 겸손하게 살고 있다고 했습니다. 배달 가는 식당의 일이 바쁘면 도와주기도 하고, 청소도 하고, 먼저 미안하다고 하고, 제일 먼 거리도 자청해서 간다고 했습니다.

저는 그를 보며 신이 계신 것에 감사했습니다. 신이 아니면 해낼 수 없는 일입니다. 가져가시는 이도 신이요, 주시는 이도 신입니다. 저는 그가 반드시 다시 성공하리라 생각합니다. 그는 회복탄력성이 높은 사람입니다. 그래서 언제가 될지 모르지만 반드시 일어설 겁니다. 이미 성공해 본 경험이 있기 때문에 그 기억을 더듬어서라도 반드시 재기합니다.

이미 성공해 본 사람은 다시 본인의 자리로 돌아가려는 회복탄력성이 높을 수밖에 없습니다. 멈추지만 않으면 됩니다.

우리도 회복탄력성을 기를 수 있습니다. 무엇이든 본인의 성공 경험치를 떠올려 보는 것이 중요합니다. 그러면 할 수 있다는 자신감이 생깁니다. 또한 실수는 패배가 아니라는 것을 확신해야 합니다. 실수는 실수일 뿐입니다. 실수를 받아들이고 잘못을 인정하면 이를 극복하기 위해 최선을 다해 현재를 살아갈 수 있습니다. 넘어졌으면 다시 일어나서 숨을 크게 쉬고 가던 길을 걸어가면 됩니다.

오늘도 책을 통해 기적을 경험하세요. 아자!!!

112 차라투스트라는 이렇게 말했다

『곁에 두고 읽는 니체』를 읽고 나서 니체가 궁금했습니다. 그래서 겁 없이 집어 든 책이 『차라투스트라는 이렇게 말했다』입니다. 후배의 추천도 있었고 니체를 알기 위해서는 반드시 읽어야 한다는 의무감이 작용했나 봅니다.

책이 쉽지 않을 거라는 생각은 머리말을 읽자마자 현실이 되었습니다. 문장을 읽어가는데 자꾸 맥락을 놓칩니다. 문장을 곱씹어 생각하지 않을 수 없습니다.

니체는 인간은 더러운 강물이라고 합니다. 그래서 더러워지지 않으면서 더러운 강물을 받아들이려면 바다가 되라고 합니다. 바다! 저는 여기서 전율을 느낍니다. 초인은 바다입니다.

니체가 이야기하는 초인의 실체를 알 수 있는 내용 같습니다. 더러운 강물을 받아들이면서도 더러워지지 않는 바다! 어느 정도의 깨달음과 사랑이 있어야 바다처럼 될 수 있는 걸까요? 니체가 말하는 초인은 신과 같은 존재인가요? 신은 죽었다고 했으니 신을 초월하는 존재인가요? 니체가 신을 부정했는지 신의 이름으로 인간을 현혹하는 자들을 부정했는지는 모르겠습니다. 그저 초인이라는 거대한 개념을 받아들이기가 버겁습니다.

글로 쓰여진 문장은 눈으로는 쉽게 받아들여집니다. 마음으로는 이해하기가 쉽지 않습니다. 저에게 초인은 그렇습니다. 문득 싯다르타의 말이 떠오릅니다.

'사색, 기다림, 단식.'

초인이 되기 위한 과정이자 초인을 지칭하는 단어라고 생각합니다. 사색의 시간이 필요한 때입니다.

"『차라투스트라는 이렇게 말했다』로 나는 인류에게 역사상 가장 위대한 선물을 안겨주었다"고 니체는 말합니다. 그 선물을 풀어봅니다. 다 보기까지는 시간이 걸릴 것 같네요.

오늘도 책을 통해 기적을 경험하세요. 아자!!!

113 디테일이 만드는 차이

짚신 장사 부자(父子)의 이야기를 아십니까?

옛날에 짚신을 내다 팔아 생계를 유지하는 아버지와 아들이 있었습니다. 둘은 매일 시장에 나가서 짚신을 팔았습니다. 그런데 이상하게도 아버지가 만든 짚신은 잘 팔리는데 아들이 만든 짚신은 잘 팔리지 않는 겁니다. 매일 짚신을 만들어 팔아도 똑같았습니다. 아버지 짚신만 잘 팔리는 겁니다.

아들은 그 비법이 궁금해서 아버지에게 물어봤습니다. 그런데 아버지는 스스로 이유를 찾으라면서 알려주지 않는 거예요. 아들은 아버지가 만든 짚신과 자신이 만든 짚신을 들고 비교해 봤지만 차이를 발견할 수가 없었습니다. 비법을 찾지 못한 아들은 어쩔 수 없이 아버지 옆에서 잘 안 팔리는 짚신을 팔 수밖에 없었습니다.

그러던 어느 날 아버지가 늙고 병들어 죽게 되었습니다. 아들은 아버지가 죽는다는 사실이 슬프기도 했지만 아버지가 만든 짚신의 비법을 알지 못해 안달이 났습니다. 아버지가 죽고 나면 더 이상 아버지의 짚신 만드는 방법을 알 수 없을 테니까요. 그래서 숨을 거두기 직전인 아버지에게 짚신 만드는 비법을 알려달라고 했습니다.

그러자 아버지는 아들의 눈을 지그시 바라보더니 "털"이라는 한마디를 남기고 숨을 거뒀습니다. '털'이라뇨. 아들은 망연자실했습니다. '털'이 무슨 비법이라는 건지요. 시장에 나가도 잘 팔리지 않는 자신의 짚신과 아버지의 짚신을 바라보며 한숨만 쉴 수밖에 없었어요.

그러던 아들의 눈에 갑자기 '털'이 들어왔습니다. 자신의 짚신은 털이 삐죽삐죽 삐져나와 있는데 아버지의 짚신은 털이 하나도 없이 매끈했던 거죠. 아들은 무릎을 쳤습니다. 바로 '털'이었구나. 그렇습니다. 아버지의 짚신은 삐져나온 털을 다 제거해서 깔끔하게 마무리가 되었는데 자신의 짚신은 마무리를 하지 않아 털이 삐져나와서 모양이 거칠게 보였던 겁니다. 그래서 아버지의 짚신보다 자신의 짚신이 잘 안 팔렸던 겁니다.

이처럼 디테일은 일반 상품과 명품의 차이를 만듭니다. 남들이 귀찮아서 하지 않는 일, 성가셔서 뒤로 미루는 일을 하느냐 마느냐, '이 정도면 되겠지'라는 안일한 생각을 극복하느냐 마느냐에 따라 상품의 격에 차이가 나는 겁니다.

우리의 삶도 마찬가지입니다. 오늘 해야 할 일을 뒤로 미루지 않고, 아무리 사소하더라도 본인과 한 약속을 지키고, 어제보다 나은 오늘을 살기 위해 조금이라도 노력하는 디테일이 나를 명품으로 만듭니다. 명품은 사소한 디테일에서 갈립니다. 나는 오늘 사소한 무엇을 챙겨야 할까요?

오늘도 책을 통해 기적을 경험하세요. 아자!!!

114 신은 존재합니다!

저는 졸저 『돈을 부르는 작은 습관』에서 '부자는 신에게 기도한다'라고 썼습니다. 그런데 꼭 부자만 신께 기도하는 걸까요? 아닙니다. 누구든 신에게 기도합니다. 부자든, 가난한 사람이든, 건강한 사람이든, 아픈 사람이든 누구나 신에게 기도합니다.

나는 무신론자이기 때문에 신에게 기도하지 않는다고 말하는 사람도 있을 겁니다. 그렇게 생각할 수도 있겠지요. 그렇지만 저는 그도 기도하리라 생각합니다. 왜냐하면 기도는 느낌이기 때문입니다. 지금 느끼는 감정이 기도이기 때문입니다. 우리는 의식 없이 살 수 없으며 느낌 없이 살 수 없습니다. 그래서 모두 기도하는 겁니다.

신은 그렇게 우리를 기도하도록 만드셨습니다. 한동안 이런 사실을 잊고 살았습니다. 마음속에 느끼는 모든 것들이 기도라는 사실을 외면했습니다. 다시 그 마음을 다잡습니다. 지금까지 걸어온 여정을 돌아보면 저 혼자 올 수 있는 길이 아니었습니다. 그리고 지금 가는 길도 마찬가지입니다. 동행하시는 신이 없다면 갈 수 없는 길입니다.

저희 회사 대표는 요즘 무의식 상태에서 몰아일체가 되어 움직인다고 합니다. 잘될 수밖에 없다는 긍정적인 생각으로 일을 해나갑니다.

실제로 일도 잘 진행되고 있습니다. 전혀 예상치 못했던 방향으로 일이 전개되고 그곳에서 매듭이 풀립니다. 그래서 둘이 서로 바라보며 "신은 있다!"고 이야기합니다. 신께서 이루시는 일입니다. 신이 동행한다는 사실을 알기에 자신 있게 할 수 있습니다. 여러분은 오늘 누구와 동행하십니까?

오늘도 책을 통해 기적을 경험하세요. 아자!!!

115 피로 쓴다는 것

얼마 전 아내가 유튜브 영상 하나를 보여주었습니다. 글을 쓰는 저에게 참고가 될 것 같다면서요. 그 영상은 최재천 교수가 읽기와 쓰기에 대해 이야기하는 내용이었습니다.

결론만 이야기하자면 최재천 교수는 독서는 '일'이어야만 한다고 하고, 글쓰기는 거의 모든 일의 끝에 가면 반드시 해야 하는 일이라고 말합니다. 이 세상 모든 일은 결국 '글쓰기'로 판가름 난다고도 합니다. 또 읽지 않고 쓴다는 것은 거짓말이라고 합니다. 쓰기 위해서는 읽어야 합니다. 4차산업혁명 시대, 100세 시대에 살아남기 위해서라도 읽어야 합니다.

지금 읽고 있는 『차라투스트라는 이렇게 말했다』에서 니체도 모든 글 가운데서 피로 쓴 것만을 사랑하라고 합니다. 피로 쓰라고 합니다. 피가 곧 정신이라고 일침을 놓습니다.

피로 쓴다는 것은 무엇일까요? 피를 토하는 심정으로 쓰라는 건가요? 현학적 자세에서 벗어나 진실을 전할 수 있는 글을 쓰라는 건가요? 실행으로 몸에 녹여낼 수 있는 글을 쓰라는 건가요? 높은 경지의 사고에서 뱉어낸 문장 하나로 마음이 괴롭습니다. 니체의 한마디로 인해 글 쓰기가 두렵습니다.

그런데 최재천 교수는 저에게 다시 용기를 줍니다. 다시 쓰고 다시 쓰고, 고치고 고치고 그렇게 50번쯤 하면 웬만한 글은 쓸 수 있다고 합니다. 미리 쓰고 다듬으면 된다고 합니다. 일주일 전에 쓰고 100번만 고쳐보라고 합니다. 그러면 잘 쓸 수 있다고 합니다. 이 말에 힘입어 또 쓰고 고치기를 반복합니다.

성경도 쓰였기 때문에 우리가 읽고 하나님을 만날 수 있었고, 공자, 노자도 쓰였기 때문에 길이 남는 철학의 구루가 될 수 있었습니다. 세상까지는 바꿀 수 없을지라도 내 삶을 바꿀 수 있는 방법 중 하나가 글을 쓰는 것일지도 모릅니다.

오늘도 책을 통해 기적을 경험하세요. 아자!!!

116 길이란 먼 곳에 갈 때 필요한 것이다

16세기 인도의 위대한 성자 카비르는 신비의 길에 이르는 상세하고 지적인 가르침을 달라는 제자에게 다음과 같이 답했다고 합니다.

"길이란 먼 곳에 갈 때 필요한 것이다.
그분께서 곁에 계실진대 무엇 때문에 길을 찾는가?
참으로 우습구나.
물속의 물고기가 목이 마르다고 하니!"

성인의 대답에서 깨달음이란 단순함으로 회귀하는 것이라는 생각을 합니다. 이 간단한 대답이 진리를 찾고자 하는 모든 사람에게 줄 수 있는 하나의 답일지도 모릅니다. 물속의 물고기가 목이 마르다니요. 가까이 있는 진리를 발견하지 못하고 신기루만 좇는 격이 아닌가요?

파울로 코엘료의 『연금술사』라는 소설이 떠오릅니다. 주인공인 양치기 산티아고는 보물을 찾아 사막을 여행합니다. 그는 여행하면서 돈을 벌기도 하고, 목숨을 잃을 뻔한 고행도 겪은 후 자신이 보물을 찾으려고 출발했던 처음의 낡은 교회로 돌아옵니다. 보물은 바로 그 교회의 무화과나무 밑에 묻혀 있었습니다. 당신은 모든 걸 알고 있지 않았느냐며 따지는 산티아고에게 바람결에 들려오는 목소리는 이렇게 말합니다.

만일 내가 미리 일러주었다면, 그대는 정녕 피라미드를 보지 못했으리니. 어땠나? 아름답지 않던가?

그렇게 신은 보물을 찾아 돌고 돌아서 온 길이 결코 헛되지 않았음을 깨우쳐줍니다. 위의 인도 성자도 그러지 않았을까요? '물속의 물고기가 목이 마르다고 하는구나'라고 한탄하는 깨달음을 얻기까지 수많은 고난과 수행이 있지 않았을까요? 깨닫고 보니 자신도 물속의 물고기였지 않았을까요?

바로 옆의 보물을 쉽게 발견하지 못하기 때문에 길을 떠납니다. 보물은 진리일 수도 있고, 사랑일 수도 있고, 성공일 수도 있고, 신일 수도 있겠죠. 나만의 보물 말입니다.

저도 보물을 찾아 길을 가고 있습니다. 물속의 목마른 물고기처럼 말이죠. 물이 가득하다는 걸 깨닫기 전까지는 계속 길을 가겠지요. 하지만 이제는 혹시나 발밑의 보물을 지나치지는 않았는지 자세히 살펴보려 합니다. 이미 옆에 있지만 느끼지 못하는 그 보물을 잡기 위해서 말이죠.

오늘도 책을 통해 기적을 경험하세요. 아자!!!

PART.6

그러니 우선 사랑하는 법을 배우도록 하라!

또다시

봄

117 맹목적인 독서는 무용하다

이해를 했다는 것과 많은 어휘를 알고 있다는 것은 어떤 차이가 있을까요? 하나의 문장이 천천히 흡수되어 내적 실현을 향한 의욕을 자극하는 데 도움이 된다면 이것은 이해했다는 증거입니다. 목적이 없는 독서는 그릇된 만족감이나 어설픈 지식으로 끝나고 맙니다. 그저 어휘를 수집했을 뿐이죠.

새로운 달이 시작되면서 지난 달 읽었던 독서 목록을 올리는 페친들의 글을 봅니다. 그분들은 항상 꾸준히 책을 읽으시는 분들입니다. 책을 읽고 서평을 쓰는 모습을 보면 계속 변화하고 있다는 것이 느껴집니다. 참 대단하신 분들입니다. 분명 하시는 일도 만만치 않은데 언제 그렇게 많은 책을 읽으시는지. 책 좀 읽는다는 저는 감히 끼지도 못하는 수준들이십니다.

그분들의 목록을 보면서 정독과 다독 중 무엇이 옳은가에 대한 의문이 다시 고개를 듭니다. 하지만 이내 곧 답을 찾습니다. 정독과 다독은 독립된 무엇으로 우위를 따지는 개념이 아닙니다. 병행하면 되는 겁니다.

저는 지금 네 권의 책을 읽고 있습니다. 그중 한 권은 두 번째 읽고 있네요. 두 권은 독서모임의 추천 도서입니다. 독서모임에서는 매월 두 권의 책을 추천합니다. 그리고 그 달의 마지막 주에 함께 토론합니다.

사업하는 사람들이 왜 책을 읽어야 하는가에 대해서는 말을 아끼겠습니다. 제가 굳이 말을 하지 않더라도 사업으로 크게 성공한 사람들의 면면을 보면 왜 책을 읽어야 하는지 알게 되실 겁니다. 그들은 거의 모두 독서광입니다. 국외, 국내를 막론하고 말이죠.

제가 읽고 있는 네 권은 신, 인간, 투자 등에 관한 책입니다. 각각의 책이 저에게 주는 울림이 좋습니다. 책이 주는 진동으로 인해 낡은 내가 해체되고 새롭게 창조됩니다. 책은 내게 그런 기쁨을 줍니다. 여러분도 함께 기쁨을 누려보지 않으시겠습니까?

오늘도 책을 통해 기적을 경험하세요. 아자!!!

118 투자와 공정성(가치)은 공존할 수 있는가

『우리가 세상을 바꿀 수 있다면』에서 모건 사이먼은 선(善)을 표면에 내세운 투자가 과연 정당하며 임팩트 투자에 부합하는 것인가에 대해 의문을 제시합니다. 자선사업을 하는 단체의 기부금 중 12퍼센트만 사회 정의를 실현하는 사업을 지원하는 데 쓰이고 나머지 88퍼센트는 오페라 공연이나 발레 공연 등에 사용되는 문제, 임팩트 투자 세계 내에서도 근절되지 않은 인종 차별과 성차별의 문제, 임팩트 펀드 매니저들의 대부분이 금융 교육에 치우쳐 사회적 교육에 취약한 문제 등에 대해 심도 있게 비판하고 있습니다.

저자는 임팩트 투자가 명확한 목적성을 갖지 못하면 단순히 선을 추구한다는 명목으로 포장된 또 다른 형태의 투자로 변질될 수 있다고 경고합니다. 그가 이 책의 절반을 문제점에 대해 이야기하는 이유이기도 합니다.

투자의 목적은 수익 창출입니다. 공정성은 투자자와 수혜자가 공평하게 이익을 누리는 걸 의미합니다. 과연 투자와 공정성은 공존할 수 있을까요?

저는 과거 '약자들의 연대'라는 가치를 표방하며 투자계에 새로운 바람을 일으킨 회사에서 일했습니다. 다수의 서민들이 소액으로 투자하고 이 투자금은 기술력과 사명감은 뛰어나지만 자금이 부족해 성장하지 못하고 있는 벤처회사로 투자되었습니다. 많은 벤처기업 사장님들이 회사로 찾아와 투자해 주셔서 감사하다며 눈물을 흘렸습니다. 추구하는 가치는 너무 좋았습니다.

하지만 투자를 유치하는 사람이나 투자하는 사람이나 투자받는 사람들의 이면에는 욕심이 있었습니다. 욕심이 표면에 내세운 가치를 넘어서면서 조직은 와해되고 말았습니다. 법적인 문제도 있었지만 내면에 잠재된 욕심의 크기가 근본적인 원인이었다고 생각합니다.

이처럼 투자와 가치가 공존하기는 쉽지 않습니다. 임팩트 투자 분야로 가면 더욱 어려울 것이라는 생각이 듭니다. 하지만 답은 이미 우리 마음속에 있습니다. 수익 창출과 가치 창출 중 어디에 더 무게 중심을 두고 있는지는 내 마음속 저울이 기울기를 통해 보여주고 있다는 거죠. 그 기울기를 유심히 살펴보는 것이 답을 찾는 방법이 아닐까 생각합니다. 책에서는 어떤 해결책을 제시할지 궁금하네요.

오늘도 책을 통해 기적을 경험하세요. 아자!!!

119 화살을 쏘아야 과녁을 맞힐 수 있다

후배가 책을 냈습니다. 작년 가을 이런저런 내용을 글로 쓰고 있는데 책으로 내도 되겠냐고 묻더군요. 저는 당연히 내라고 했습니다. 글솜씨가 부족하다고 겸손을 떠는 후배의 글은 보기 좋았습니다.

어릴 때의 추억을 담담하고 간결하게 썼더라고요. 생각날 때마다 한 편씩 썼다는 그의 원고를 보며 가슴 뭉클하기도 하고 몽글몽글한 감정이 피어나기도 했습니다. '내가 책을 내면 누가 읽어줄까요?'라며 걱정을 하는 후배에게 혹시나 많은 사람이 읽지 않더라고 인생 첫 책을 쓰고 출판했다는 데 더 큰 의의가 있는 거라며 용기를 북돋았습니다. 그리고 후배와 잘 맞는 출판사하고 연결을 해주었어요. 그렇게 출판사와 미팅을 시작하고 글을 다듬는 작업, 제목을 정하는 작업을 거치더니 드디어 책이 출간되었습니다.

제목은 『분홍소시지와 계란후라이』. 제목에서도 벌써 추억이 방울방울 묻어나는 것 같죠? 후배가 책에 사인을 해서 주더군요. 그의 얼굴에는 뭔가 해냈다는 뿌듯함이 묻어 있었습니다. 책을 쓰라고 권하기를 잘했다는 생각이 들었습니다. 만약 후배가 머뭇거리기만 하다가 책 쓰기를 포기했다면 그에게 계속 후회로 남았을지도 모릅니다. 일단 했다는 것이 중요합니다.

'쏘지 않은 화살은 절대 과녁을 맞힐 수 없다'는 말이 있습니다. 화살을 쏘아야 과녁 주변이라도 맞힐 수 있습니다. 그리고 다음에는 더 중심에 맞히기 위해 방향을 조종하고 또 화살을 쏠 수 있는 거죠.

과녁을 맞힐 수 없다고 지레 포기하고 쏘지 않는다면 뭘 할 수 있을까요? 오늘 당신은 어떤 화살을 쥐고 있으신가요? 이제 활시위를 힘껏 당기고 화살을 놓기를 바랍니다. 분명 어딘가엔 명중하게 될 겁니다. 읽으면서 눈시울이 붉어지던 글 한 편을 공유합니다.

문뜰 논

아부지 가지 맙시다
여름 저녁 해가 저문다
술 잡수고 문뜰* 논까지 언제 갈라 허요
가자, 느그 어매 혼자 일 안 하냐
휘청거리는 아버지 달그림자 따라
신작로 걷는 내 마음도 흔들린다
풀어진 셔츠 한쪽만 접은 바지
달빛에 아버지 고무신 더욱 희다
뒤꿈치 흐르던 피가 고무신에 쩌억쩌억
일하다 다친 상처는
술기운이 먹어 버렸다
그날 달빛이 미웠다

*문뜰: 들판 이름

오늘도 책을 통해 기적을 경험하세요. 아자!!!

120 계란후라이

계란후라이

분홍 소시지는 소풍날 도시락
오뎅 오징어채 가게집 녀석만
고기 장조림은 친구집 갔을 때
황도 통조림은 병원에 갈때만
팥소 삼립호빵 테리비 속에만

누가 뭐라 해도
나는 계란후라이
아주 가끔 도시락 밥 아래
귀한 음식 기억 속 저 아래

『분홍소시지와 계란후라이』에 나오는 짧은 시입니다. 학창 시절 도시락을 들고 다니던 때가 떠오릅니다. 저도 계란프라이를 밥 아래 숨기고 다녔습니다. 친구들에게 뺏길까 봐요. 풍족하지 않고 어려웠던 시절이었지만 그래도 이런 추어이 남아 있으니 다행입니다.

지금은 학교에서 급식을 하니 그런 추억은 만들 수 없겠지요. 배를 곯는 아이들도 없겠지요. 먹는 게 넘쳐나는 시대니까요. 그런데 그렇지 못한 아이들이 있습니다.

아직도 먹는 것으로 상처받는 아이들이 있다는 걸 알았습니다. 그래서 저희가 운영하는 가게에서는 아이들에게 음식을 지원합니다. 저희가 만드는 피자와 삼겹살이나마 마음껏 먹을 수 있도록요. 예전 학교에서 도시락 반찬을 서로 나눠 먹던 것처럼 아이들과 함께 꿈을 나눌 수 있었으면 좋겠습니다.

오늘도 책을 통해 기적을 경험하세요. 아자!!!

121 만들어진 신

니체의 『차라투스트라는 이렇게 말했다』를 읽으면서 성경을 포함해 신에 대한 책들을 같이 보고 있습니다. 그중 하나가 『만들어진 신』입니다. 『이기적 유전자』로 유명한 리처드 도킨스가 쓴 책이죠. 그는 대표적인 무신론자입니다. 그는 신의 존재에 대한 판단을 7가지 스펙트럼으로 분류했습니다.

신을 믿는 것이 아니라 신을 아는 것이라고 표현할 정도로 신이 존재한다는 것을 100퍼센트 확신하는 강한 유신론자에서부터 나는 신이 없다는 것을 안다는 수준의 강한 무신론자까지 7단계로 나눠서 설명하고 있습니다.

지면상의 이유로 중간 부분은 생략했습니다. 책을 보시면 자세한 내용을 확인하실 수 있습니다. '지적 설계자'가 있다는 유신론자들의 의견을 과학적으로 반박하고 다윈의 '자연 선택설'을 옹호하는 도킨스의 주장이 흥미롭습니다. 신의 존재가 과학적으로 입증된 바는 없습니다. 그래서 신의 존재에 대한 논박이 뜨거울 수밖에 없겠죠. 혹시라도 먼 미래에 과학적 입증이 가능한 때가 올지도 모르죠.

신의 존재를 입증하느냐 마느냐를 떠나 신을 가슴에 품고 사는 저로서는 존재의 진위를 밝히는 것이 큰 의미가 없다는 생각이 듭니다만 여러분은 어떠신지 궁금합니다.

오늘도 책을 통해 기적을 경험하세요. 아자!!!

122 우리는 왜 결혼하는가?

『차라투스트라는 이렇게 말했다』에서 재미있는 부분을 발견했습니다. 아이와 결혼에 대한 부분인데요, 니체의 주장이 흥미롭습니다.니체는 더 나은 사람 하나를 창조하려는 두 사람의 의지를 결혼이라고 부릅니다.

니체에게 결혼이란 더 나은 창조를 위한 행위입니다. 이는 조건이 앞서는 결혼, 욕구와 허영이 낳은 결혼을 비판하는 니체만의 표현이라는 생각이 듭니다. 그런데 문장의 표현대로만 해석하면 오히려 우수한 조건의 결합을 결혼이라고 한 게 아닌가라는 의구심이 듭니다. 뛰어난 아리아인을 생산하기 위해 아기 공장까지 운영했던 나치의 순혈주의를 떠올렸다면 제 생각이 궤도를 너무 벗어난 거겠지요?

아무튼 이 문장을 읽으면서 인간은 왜 결혼이라는 제도를 도입했는지 궁금해졌습니다. 모계사회에서 부계사회로 힘의 중심이 이동하면서 권력을 잡은 남성들이 자신의 자손을 번식하기 위한 도구로서 결혼이라는 제도를 만들었다는 주장을 어디선가 본 적이 있는데 맞는지는 모르겠습니다. 또는 사유재산이 소수의 사람에게 집중이 되고 그들이 자신의 재산을 적자에게 상속하기 위해 일부일처제를 고수한 데서 비롯되었다는 주장도 있습니다. 성경에서는 하나님이 혼자 있는 남자를 위해 여자를 만들어 배필로 삼게 하셨다고 했으니 이것이 결혼의 기원이라고 할 수도 있겠습니다.

결혼의 기원은 차치하고, 나는 왜 결혼했을까 생각해 봤습니다. 아내를 사랑했기 때문에? 당연히 결혼은 해야 하는 것이라서? 장남으로서 집안의 대를 잇기 위해? 어느 하나의 이유만으로 결혼하진 않았겠죠. 앞서 말한 모든 이유가 복합적으로 작용해서였을 겁니다. 아내를 사랑했고 제도적으로 당연히 해야 할 의무를 행했던 거죠. 여러분은 어떤 이유로 결혼하셨나요?

니체는 신성한 결혼을 위한 전제 조건을 다음과 같이 말합니다.

> 그대들은 언젠가는 자신을 넘어서서 사랑해야만 한다! 그러니 우선 사랑하는 법을 배우도록 하라! 그대들이 사랑의 쓰디쓴 잔을 마셔야만 했던 것도 그 때문이다.

여러분도 동의하시나요?

오늘도 책을 통해 기적을 경험하세요. 아자!!!

123 불편한 것과의 만남

다양한 책을 읽다 보면 불편한 것들과의 만남을 피할 수 없습니다. 호기심을 채우기 위해 선택한 책이 나를 불편하게 합니다. 몰랐던 사실을 알게 되면서 지적 충만감을 채울 때도 있지만 내가 알고 있던 진실이 진실이 아닐 수도 있다는 사실에 혼란스럽기도 합니다.

지금 읽고 있는 책이 정말 진실을 말하고 있는 것인지 궁금해서 또 다른 책을 찾아봅니다. 퍼즐처럼 맞춰지고 이어지는 사실들에 의해 제 사고가 더 확장되는 것인지도 모르겠습니다.

『지적 대화를 위한 넓고 얕은 지식』의 저자 채사장은 이런 불편함을 감수해야 더 넓은 세계를 볼 수 있다고 했습니다. 스페인의 어느 작가는 마음속의 감옥을 탈출할 수 있는 창 하나를 독서라고 했습니다. 내가 알지 못하는 세계를 알게 되면서 느끼게 되는 희열과 불편함이 같이 올 수 있다는 게 아이러니한 일이기는 하네요.

사업도 마찬가지라고 생각합니다. 지금 하는 사업을 더 확장하고 발전시키기 위해서는 불편한 것과 만나야 합니다. 불편한 이야기를 하는 사람도 만나야 합니다. 사업가가 투자자를 만나는 일이 바로 이런 거

아닐까요. 투자자들은 좋은 이야기를 쉽게 하지 않거든요. 대표를 불편하게 하죠. 물론 사업가가 투자자에 무조건 맞출 필요는 없습니다. 나에게 맞는 투자자를 찾으면 되니까요.

그렇지만 불편하다고 해서 계속 피하기만 하면 좋은 투자를 받기 힘듭니다. 불편한 것을 받아들이고 방향을 전환해 개선해 나갈 때 사업적으로도 성장하는 것 같습니다. 꼭 투자를 받기 위한 것만 아니더라도 말이죠.

오늘도 책을 통해 기적을 경험하세요. 아자!!!

124 죽음은 삶을 비추는 거울인가

지난 주말 친구의 어머니께서 소천하셔서 장례식장에 다녀왔습니다. 친구 어머니께서는 과거에 앓던 병이 재발해서 서울에서 치료를 받으셨습니다. 다행히 완치되어 고향 집에 내려와 머무셨는데 며칠 되지 않아 갑자기 돌아가셨습니다. 밤에 주무시다가 돌아가셨다고 하더군요.

다들 크게 아프지 않고 돌아가셔서 다행이라고 말했지만 아들의 마음은 참담했습니다. 갑자기 돌아가신 데다가 임종도 지키지 못했기 때문입니다. 평소 친구 어머니께서는 남들에게 폐 끼치는 일을 싫어하셨다고 해요. 그래서 그 아들은 돌아가신 어머니께 이렇게 말했다고 합니다. "자식들에게 폐 안 끼치려고 어머니 성격대로 돌아가셨네요." 어머니는 살아오신 모습 그대로 돌아가신 겁니다.

친구 말을 듣는데 가슴이 먹먹했습니다. 죽음이란 이렇게 남은 사람들에게는 슬픔입니다. 흔히 우리가 말하는 '호상'이라 할지라도 그건 그 죽음을 객관적으로 바라보는 사람들의 생각일 뿐 당사자들에게는 아픔일 수밖에 없습니다.

자연스레 장례식장에 모인 친구들과 죽음에 관해 이야기했습니다.

모두 편안한 죽음을 원했어요. 아프지 않고 때가 되면 잠자듯이 가기를 원했습니다. 일본의 누군가는 사전 장례식을 치렀다는 이야기도 하면서 그것도 좋겠다는 이야기를 나눴습니다.

이야기를 나누며 과연 나는 죽음을 대비하고 있는가 자문했습니다. 자신이 없었어요. 나 혼자 세상에서 사라지는 것은 감당할 수 있으나 남는 자들에게 고통을 주게 되지는 않을까, 그것이 두려웠습니다.

니체가 말하더군요. '삶을 완성시키는 자는 희망을 가진 자와 맹세하는 자들에 둘러싸여 승리에 찬 죽음을 맞는다.' 아직 삶을 완성시키지 못했기에 주체적으로 죽음을 맞이할 준비가 되지 않았습니다.

생각해 보니 죽음은 삶을 비추는 거울입니다. 내 삶을 그대로 비춰주는 죽음이라는 거울을 바라보며 환하게 웃을 수 있는 그날을 위해 열심히 살아야겠습니다. 하루하루 살아가는 모든 시간이 환희에 찬 죽음을 맞이하기 위한 시간이라는 걸 명심하며 살아야겠습니다.

오늘도 책을 통해 기적을 경험하세요. 아자!!!

125 항상 스스로 대단하다고 생각하는 거지

김봉진의 『책 잘 읽는 방법』이라는 책을 펼치기까지 한참 동안 고민했습니다. 이 책을 펼치고 나면 내게 무슨 일이 일어날지 뻔히 알고 있었기 때문입니다. 그래서 책 열기를 주저했습니다. 하지만 이달의 선정 도서로 추천해 놓고 읽지 않을 수 없었습니다. 떨리는 손을 붙들고 책을 읽기 시작했습니다. 책을 펼치자마자 결국 우려했던 일이 일어났습니다.

간신히 부여잡고 있던 이성의 끈이 풀리고 말았습니다. 마치 굶주린 사자가 먹이를 향해 달려들듯이 폭풍 검색을 하며 이 책에 소개된 책들을 장바구니에 쓸어 담고 있는 나를 발견했을 때는 이미 책을 다 읽고 난 후였습니다. 책을 읽는 초반에는 자제력을 잃지 않았습니다. 집에는 사두고 아직 읽지 못하고 있는 책들이 책장 하나를 가득 채우다 못해 넘쳐났고, 이제 제발 책 좀 그만 사라는 아내의 투정이 제 귓전을 때리고 있었기 때문입니다. 하지만 저는 이 한 문장에 무너지고 말았습니다.

읽을 책을 사는 것이 아니라, 산 책 중에서 읽는 것이다.

–김영하 작가

이 문장을 발견하는 순간 책을 사고 싶은 내 욕구는 정당성을 획득하고야 말았습니다. 적을 무찔러야 할 명분을 찾은 장군처럼 씩씩하게 책방을 향해 나아갔습니다. 그러고는 포획해야 하는 적들을 모조리 쓸어 담은 후 당당한 발걸음으로 책방을 나왔습니다. 마치 개선장군처럼 말이죠. 주말 내내 행복했습니다. 이 책들을 언제 읽을지는 모르지만 '산 책 중에서 읽을' 명분을 만들었기 때문입니다.

제목만 보고도 마치 큰 부자가 된 듯한 행복감이 저를 감쌌습니다. 그것만으로도 충분했습니다. 이처럼 책에서 행복을 느끼는 나 스스로를 대단하다고 생각하기로 했습니다. 『책 잘 읽는 방법』에서 발견한 또 하나의 문장이 저를 흥분시켰기 때문입니다. 나폴레옹을 만나 이기는 비결에 대해 묻는 테오에게 나폴레옹이 말합니다.

스스로를 너무 작은 존재라고 생각하지 말고 항상 스스로 대단한 사람이라고 생각하라고 합니다. 인생에서 필요한 것은 그것뿐이라면서요.

바로 이겁니다. '항상 스스로 대단한 사람이라고 생각하는 것!' 무슨 일이 있더라도 이 생각을 지켜나가는 것이 중요합니다. 이는 자존심을 뛰어넘는 자존감의 문제입니다. 결코 남과 비교하지 않고 스스로 최고라고 생각하며 걸어가는 겁니다. 성공한 사람 모두가 그랬습니다. 그렇게 가는 사람이 성공하는 겁니다.

스티브 잡스가 그랬습니다. '대중은 자기가 뭘 원하는지도 모른다'고. 그런 대중에게 무엇을 물어보겠냐고 말이죠. 대중을 무시한다는 것이 아닙니다. 대중의 말과 의견에 너무 집착할 필요가 없다는 말입니다. 스스로 대단하다고 생각하지 않았다면 못 했을 말입니다.

나는 작은 존재라고 움츠리고 계신가요? 오늘 아침 집을 나설 때 가슴을 활짝 열어보세요. 한껏 가슴을 내밀고 외치는 겁니다. "나는 대단한 사람이다!" 세상이 내 발아래에 있는 듯한 오만함으로 한껏 무장하고 당당하게 길을 나서는 겁니다. 무서울 게 없습니다. 오늘부터 그렇게 시작하자고요!

오늘도 책을 통해 기적을 경험하세요. 아자!!!

126 왜 일하는가

『왜 일하는가』

이나모리 가즈오 회장이 쓴 책의 제목만 보고 떠오르는 질문이 있습니다.

"나는 왜 이 일을 하는가?"

일이란 무엇인가요? 돈을 벌기 위한 수단인가요? 자아 실현을 위한 도구인가요? 아니 질문을 바꾸자면 왜 일을 하는 건가요? 이나모리 가즈오의 책을 아직 읽지는 않았지만 제목이 주는 울림이 큽니다.

아내가 내게 퇴직한 이유를 다시 물었습니다. 장난스럽게 '한 방!'을 노리기 위해 퇴직했다고 했지만 장난만은 아닌 대답이었습니다. 희망이 닫혀버린 것에 대한 좌절감, 그리고 밀려오는 경제적 자유를 향한 갈망, 이런 것들이 복합적으로 작용하여 퇴직했습니다.

그리고 돈을 벌기 위해 투자회사에 입사했습니다. 투자회사에서 표방한 가치도 좋았지만 감춰진 내면의 욕망은 '한 방!'이었습니다. 그러나 신은 결코 내게 한 방을 선물하지 않으셨고 이후 고난의 시절이 이어졌습니다.

이제 다시 투자의 길을 걷고 있습니다. 다시는 돌아보지 않을 것 같았던 그 시장에 다시 서서 걸음을 걷고 있습니다. 이 시점에 스스로에게 묻습니다. '나는 왜 이 일을 하는가?'

갑자기 머리에서 '돈은 흘러야 한다'는 생각이 떠올랐습니다. 이렇게 문득 답을 찾았습니다. '돈이란 무엇인가'를 고민했더니 답이 나오더군요. 돈이란 높은 곳에서 낮은 곳으로 흘러 바다에 이르기까지, 온 땅을 적시고 풍요롭게 만드는 물처럼 그렇게 흘러야 하는 존재입니다. 한곳에 머물러 오래 있으면 웅덩이의 물처럼 썩고 마는 것이 돈입니다. '돈'이라는 이름이 원초적으로 내포하고 있듯이, 돈은 돌고 돌아야 하는 것입니다.

제가 이 일을 하는 이유는 돈을 흐르게 하는 데 있습니다. 단지 나 혼자 돈을 벌고자 했다면 내 돈만 투자하고 말았을 것입니다. 한동안 투자를 권유하는 나를 바라보는 지인들과 주변 사람들의 시선을 이겨내지 못했습니다. 과거 투자회사의 이력이 나를 위축시켰고, 또 내가 하는 일에 대한 이유를 잘 몰랐었기 때문입니다. 그래서 확신이 없었습니다.

그러나 이제 자신 있게 다시 투자를 말할 수 있습니다. 내가 이 일을 하는 이유를 알았기 때문입니다. 우리 사업이 하는 일이 돈을 흐르게 하는 일입니다. 앞으로는 주인 없는 펀드를 만들어 이 펀드가 스타트업계와 엔젤투자 시장을 떠돌며 돈을 필요로 하는 사람들에게 꿀처럼 단 샘물이 되게 하는 계획도 실행에 옮길 예정입니다. 진정 돈이 돌게 하는 겁니다.

영원히 엑싯(Exit)하지 않는 펀드. 그래서 주인 없는 펀드가 되는 겁니다. 생각만 해도 재미있고 흥분되는 일입니다. 돈이 흐르도록 물꼬를 트는 일을 담당하겠습니다. 혹시 고인 돈이 있는 곳을 알고 계시면 알려주세요. 썩지 않고 잘 흐르도록 길을 내겠습니다.

오늘도 책을 통해 기적을 경험하세요. 아자!!!

127 달걀을 깨뜨리지 않는 방법

달걀을 1미터 정도 아래로 떨어뜨리되 절대 깨뜨리면 안 됩니다. 어떻게 하면 될까요?

『승려와 수수께끼』라는 책에 나오는 수수께끼입니다. 김봉진의 『책 잘 읽는 방법』에 소개된 책입니다. 이 책의 저자인 렌디 코미사는 미얀마를 여행하던 막바지에 순간적으로 수수께끼에 대한 해답이 떠올랐다고 합니다. 저는 아직 그 해답이 떠오르지 않습니다. 책을 다 읽으면 그 해답을 알 수 있겠지요. 일부러 마지막 페이지를 펼치지 않고 있습니다. 스스로 해답을 찾아보려고요. 여러분이 생각하는 답은 무엇인가요?

저자는 인생을 두 부분으로 나눠서 사는 것이 맞는지에 대한 의문을 제기합니다. 이를 '미뤄 놓은 인생 설계'라고 부르더군요. 인생을 두 부분으로 나누면 이렇게 됩니다.

해야만 하는 것을 하는 1단계, 그리고 자신이 하고 싶은 것을 하는 2단계입니다.

미래의 행복을 위해 현재를 희생해야 한다며 하기 싫은 일을 감내하고 현실을 견뎌야 하는 걸 당연하게 여깁니다. 어릴 때부터 배워온 방식입니다. 대부분의 사람들이 그렇습니다.

'대학에 잘 가기 위해서는 놀지 말고 학원에서 열심히 공부해야 한다. 좋은 직장에 들어가기 위해서는 꿈을 잠시 접고 스펙을 쌓아야 한다. 편안한 노후 생활을 위해서는 지루하고 싫지만 직장 생활을 잘 견디고 버텨야 한다.'

정말 이렇게 하면 미래의 행복이 보장되는 건가요? 현재를 인내하며 얻어낸 미래에서는 진정 내가 하고 싶은 일을 하면서 살아갈 수 있는 건가요? 물론 그럴 수도 있겠죠. 그렇지만 그 미래가 현재의 즐거움을 유보한 것에 대한 확실한 보상이 될 수 있을지는 의문입니다.

위에서 말씀드린 수수께끼에 대한 답을 찾지 못하는 것처럼 이 문제에 대해서도 아직은 확실하게 답을 할 수 없을 것 같아요. 그래도 이 한 가지는 이야기할 수 있어요.

'지금 나는 내가 하고 싶은 일을 하고 있다!'

이것만으로도 저는 즐겁습니다. 비록 미래가 어떻게 될지 확신은 없지만 지금 즐거우니 두렵지는 않습니다. 수수께끼에 대한 답을 찾게 되면 두 부분으로 살아가는 인생에 대한 답도 찾을 수 있을 것 같네요.

오늘도 책을 통해 기적을 경험하세요. 아자!!!

128 1.5미터에서 떨어뜨려라

"이 달걀을 1미터 정도 아래로 떨어뜨리되 깨뜨리면 안 됩니다. 어찌해야 할까요?"

며칠 전 언급했던 『승려와 수수께끼』라는 책에 나온 수수께끼에 대한 답은 무엇일까요? 이 책을 읽으려는 분께는 스포일러가 되겠지만 이 문제의 답을 안다고 하더라도 책을 읽는 데는 큰 불편이 없을 것 같아서 공개합니다.

답은 '1.5m 위에서 떨어뜨리는 것'입니다.

막상 답을 읽고는 잠깐 멍했어요. 답은 기발한 것 같은데 그 의미는 무엇일까? 한참 고민했습니다. 저만의 해석을 내리기는 했지만 아직도 정확하게는 모르겠어요. 저는 '모든 일을 한 단계 더 높은 차원에서 바라보라'라고 받아들였습니다. 여러분은 어떻게 생각하시는지 궁금합니다. 오늘은 길게 쓰지 않겠습니다. 1.5m 위에서 떨어뜨리는 것이 무엇을 의미하는지 여러분의 생각을 듣고 싶습니다.

오늘도 책을 통해 기적을 경험하세요. 아자!!!

129 역사는 사실들의 나열이 아니다

저는 지금 제주에 있습니다. 오늘 사업 설명회가 있어서 어제 저녁에 미리 내려왔어요. 짐을 꾸리면서 어떤 책을 가져갈까 고민하다가 김봉진의 『책 잘 읽는 방법』에 소개된 E. H. 카의 『역사란 무엇인가』를 집어 들었습니다. 이 책에서 저자는 역사란 역사가와 사실들의 계속되는 상호작용 과정이며 현재와 과거 사이의 끊임없는 대화라고 정의합니다.

책이 쉽게 쓰여지지 않아서 구절마다 곱씹어 읽어야 하는 어려움이 있습니다. 그래서 눈을 크게 뜨고 '역사란 무엇인가?'라는 명제를 풀어가는 'E. H. 카'의 논리를 따라가고 있습니다. 어려운 부분은 이해하지 못한 채로, 공감하는 부분은 고개를 끄덕이며 열심히 읽고 있습니다. 묘하게 빠져드네요.

마침 4월은 역사에 기록된 사건이 많이 있는 달입니다. 4.3, 4.19, 4.16 등. 마침 오늘이 4월 19일이네요. 역사를 누가 해석하느냐에 따라 역사의 방향은 달라집니다. 역사는 역사가의 손에서 탄생하고, 현재를 통해서만 과거를 조망할 수 있기 때문이죠. 사실에 불과한 일들이 앞의 과정 즉 역사가의 손과 현재를 거치며 역사가 되는 겁니다.

개인의 역사도 마찬가지입니다. 하루하루 살아가며 매일 '나의 사실들'이 쌓여갑니다. 별 의미 없이 말이죠. 그 하루는 내가 의미를 부여할 때 역사가 됩니다. 내 과거와 현재가 상호작용한 내 역사가 탄생하는 거죠. 저는 오늘 하루를 제 역사로 만들 겁니다. 오늘 일이 어떻게 확장되고 어떤 방향으로 갈지는 미정이지만 내가 부여한 의미에 따라 방향이 정해진다는 확신으로 오늘을 역사로 만들 겁니다. 여러분은 오늘 어떤 역사를 만들어가실 건가요?

오늘도 책을 통해 기적을 경험하세요. 아자!!!

130 마케팅은 사람이다

요즘 제 가장 큰 고민은 마케팅입니다. 새롭게 시작할 앱 기반 비즈니스의 기본이 마케팅이고, 마케팅 회사를 만들기로 확정하고 구조를 짜고 있기도 하기 때문입니다. 답을 찾기 위해 마케팅 관련 책을 여러 권 보고 있습니다. 그중 하나가 『마케팅 천재가 된 맥스』라는 책입니다. 김봉진의 『책 잘 읽는 방법』에서 알게 된 책입니다.

고대 이집트에 살고 있던 '맥스'라는 사람이 세계 최초로 바퀴를 발명하고는 바퀴를 판매하는 것부터 시작해 회사를 키워가는 과정을 풀어간 소설입니다. 쉽고 재미있게 읽을 수 있고, 생각도 많이 하게 하는 책입니다.

맥스는 바퀴만 만들어놓으면 무조건 팔리리라 생각했습니다. 무거운 물건을 옮기는 데 아주 편리한 바퀴를 사람들이 사지 않을 이유가 없다고 생각한 거죠. 하지만 현실은 그 반대입니다. 수백만 년 동안 바퀴 없이 살아온 사람들에게 바퀴는 필요한 물건이 아니었기 때문입니다. 바퀴를 팔기 위해 고심하던 맥스가 찾아간 '오라클'이라는 현인이 맥스에게 묻습니다.

'누가 고객인가?'

마케팅을 접하면서 수없이 듣던 질문입니다. 쉽게 답을 낼 수 있을 것 같지만 답을 찾기가 만만치 않습니다. 대부분 고객을 정의하라고 하면 막연히 거의 모든 사람을 대상으로 합니다. 최소한 내가 판매하는 물건이나 서비스를 필요로 하는 모두가 내 고객이 되리라는 생각이죠. 정말 그런가요?

음식점을 하나 내더라도 마찬가지입니다. 내 가게 앞을 지나가는 모든 사람이 다 고객이 되리라 생각하겠죠. 그런데 현실은 어떤가요? 그들은 지나가기만 할 뿐 내 가게에 들어오지 않습니다. 사람들은 새로운 도전을 꺼리고 검증된 곳과 서비스를 찾아가기 때문입니다. 그런 사람들을 내 고객으로 끌어들이기 위해서는 어떻게 해야 할까요? '사람'에 집중해야 합니다. 나를 찾아올 단 한 사람! 그 사람을 고객으로 만들어야 합니다.

'마케팅은 사람이다!' 예전 필립 코틀러의 책을 읽는데 문득 생각났던 문구인데 오늘 다시 떠오르네요. 기술만 있으면 다인가요? 아닙니다. 그 기술도 사람을 향해야 합니다. 기술과 서비스만 만들어놓으면 사람들이 찾아오나요? 절대 그렇지 않습니다.

그런 스타트업 대표들을 많이 봐왔습니다. 세상을 뒤바꿀 기술을 완성했으니 이제는 다 됐다고, 무조건 팔릴 거라고 자신합니다. 결과는 어떤가요? 아무도 찾지 않습니다. 나만 빼고는 나를 알아보는 사람이 없기 때문입니다.

나를 알아보는 사람을 찾는 게 마케팅입니다. 결국 '사람'을 놓치면 실패합니다. 한 사람만 찾아도 됩니다. 나를 인정해 주는 단 한 명의 고객! 그가 만족했다면 거기서부터 파생되는 사람들이 몰려올 겁니다.

오늘도 저는 그 한 사람을 찾기 위해 움직입니다.

오늘도 책을 통해 기적을 경험하세요. 아자!!!

131 나는 재능이 없다

『다시, 묻다』라는 시집을 옆에 두고 스스로 질문이 필요할 때마다 봅니다. 한 번에 쭉 읽지 않고 문득 생각날 때마다 펼쳐봅니다. 희한하게도 펼칠 때마다 답을 줍니다. 그래서 찾아보는 재미가 쏠쏠합니다.

오늘 아침엔 「나는 재능이 없다」라는 시가 보입니다. 제목만 봐도 딱 제 이야기입니다. 그런데 하고픈 일을, 좋아하는 일을, 그냥 하는 거라고 무심히 뱉는 시인의 목소리에서 재능 없는 저는 힘을 얻습니다.

독서 컨설팅 회사에서 인연이 되었던 대표를 만나 뭔가를 꾸미기 시작한 게 2019년 3월이었습니다. 매일 삼성역 4번 출구에서 만났어요. 4번 출구를 나서면 바로 왼쪽에 앉을 수 있는 공간이 있거든요. 거기서 아침 일찍 만나 이런저런 이야기를 떠들었습니다.

방향은 어렴풋이 보이지만 아직은 확실치 않은 무언가를 찾기 위해 계속 이야기하고 이야기했습니다. 너무 많은 이야기를 하다 보니 기억이 나지 않을 것 같아 우리의 대화를 녹음했어요. 그리고 녹음한 걸 듣고 정리하고. 완전 노가다였습니다. 그래도 그냥 했습니다. 재미있었고 계속하고 싶은 일이었기에.

그때 이야기한 내용을 토대로 2019년 6월 '해적이 사랑한 인문학' 이라는 이름의 독서모임을 만들어 기업가와 창업가들을 모았습니다. 함께 책을 읽고 사업을 이야기했습니다. 꿈을 같이 꿨습니다. 벌써 2년이 다 되어가네요. 그렇게 만난 분들이 이제는 우리 회사의 든든한 버팀목이 되어주고 계십니다. 무수히 많은 점을 찍었고 이제는 그 점들이 이어져 그물망이 되었습니다. 우리가 원하는 것을 담을 수 있게 되었습니다.

저는 정말 재능이 없습니다. 그래서 그냥 했습니다. 그냥 책을 읽고 책을 썼습니다. 주방에서 설거지하며 음식을 만들고, 고기를 굽고, 피자를 구웠습니다. 몸은 힘들었지만 재미있었습니다. 살아 있는 쾌감을 느꼈습니다.

재능이 없는 제가 가질 수 있는 가장 큰 무기는 '그냥 하는 것'이었습니다. 정해진 건 없습니다. 그래도 그냥 합니다. 좋아하고 계속하고픈 일이니까요.

오늘도 책을 통해 기적을 경험하세요. 아자!!!

132 책이 내 인생을 대신 걸어가 주지는 않는다

제주에서 맞이하는 두 번째 아침입니다. 지난 금요일 밤에 들어와서 내일 아침 부산으로 갑니다. 제주와 부산을 옆집 드나들듯 다니네요. 이번 일정을 시작하면서 또 책 욕심을 부렸습니다. 네 권의 책을 담으면서 다 읽을 수 있을까 고민했습니다. 그런데 책을 집었을 때 드는 행복감이 그런 고민을 잠재우더군요.

『책을 지키려는 고양이』는 독서모임 멤버가 소개해 준 책입니다. 이 책은 소설입니다. 제목에서도 알 수 있듯이 독서에 대한 저자의 생각을 소설 형식으로 풀었어요. 완전히 푹 빠져서 읽었습니다. 어쩌면 이리도 쉽고 간결하게 책에 관한 생각을 풀어낼 수 있는지. 감탄을 금할 수 없었습니다.

무턱대고 책을 많이 읽는다고 보이는 세계가 넓어지는 건 아니라고 이야기합니다. 책이 네 대신 인생을 걸어가 주지는 않는다고 말합니다.

한동안, 책을 읽고 페이스북에 독후감을 올렸습니다. '좋아요'를 누르는 클릭 수가 늘어가고 글을 잘 쓴다는 칭찬도 받았습니다. 기분이 좋았죠. 책을 통해 한 단계 성장하는 것 같았고 지식의 깊이와 범위도 넓어지는 것 같았습니다. 내가 펼쳐놓은 글에 내가 감탄하기도 했습니다.

그러던 어느 날 내가 올린 독후감을 보고 있는데 내 생각이 없는 거예요. 내 생각이라고 펼친 이야기들은 작가의 생각을 내 생각인 양 흉내 낸 것에 불과했습니다. 충격이었어요. 내 것도 아닌 걸 가지고 내 것처럼 자랑하고 있었다니.

책이 걸어가 주던 내 인생을 내 발로 걸어가고 싶었어요. 그래서 '굿모닝 북모닝'을 시작했습니다. 내 걸음을 찾기 위해 질문이 필요했던 거죠. 제 글을 읽는 분들에게 던지는 질문 같았지만 실은 제 자신에게 던지는 질문이었습니다.

이제 조금은 나름대로 내 수준의 발걸음으로 걷고 있어요. 이것도 다 책 덕분입니다. 책이 갇혔던 마음에 창을 달아주었습니다. 그 창을 열고 나와 스스로 바깥세상을 걷게 되기까지 긴 시간이 걸렸네요. 오랜만에 마음을 콕콕 찌르는 책을 만났습니다. 책은 이렇게 내가 인생을 걷도록 만들어주었습니다.

오늘도 책을 통해 기적을 경험하세요. 아자!!!

133 불편한 것들과 마주 대할 때

『우리는 고독할 기회가 적기 때문에 외롭다』를 읽다 보면 불편하다는 생각이 듭니다. 평소 읽거나 듣던 내용과는 다른 이야기를 합니다. 즐겨 사용하지 않는 단어들이 나와 눈에 거슬리기도 합니다.

특히 '나는 공산당이 싫어요!' 교육을 받았던 세대들에게는 더욱 그렇습니다. 이 책에는 '인민'이라는 단어가 많이 나옵니다. 보통은 국민이나 대중, 좀 더 진보적인 표현이라면 민중이라는 단어를 쓰는데 왜 유독 '인민'이라는 단어를 사용할까? 궁금했습니다. 그래서 각 단어의 뜻을 찾아봤어요.

국민: 국가의 구성원
시민: 도시의 구성원
대중: 수많은 사람들의 무리
민중: 국가와 사회를 구성하는 일반 국민, 피지배 계급으로서의 일반 대중
인민: 국가를 구성하는 자연인, 나라의 주인

이렇게 각 단어의 뜻을 펼쳐보니 저자가 왜 '인민'이라는 단어를 고

집했는지 알 수 있을 것 같습니다. 스스로 좌익이라고 이야기하고 진보를 뛰어넘는 시선으로 사회를 비판하고 있는 저자로서는 당연한 선택이 아닌가 생각합니다.

왜 '인민'이라는 단어가 불편하게 들리는지 물어봤습니다. 참여하신 분들이 공통으로 교육 때문이라고 이야기합니다. 민주주의와 자본주의가 동의어고 독재와 공산주의가 같은 개념이라고 주입받았던 교육 말이죠. 아직도 민주주의의 반대는 공산주의라고 생각하시는지요? 그렇다면 잘못된 교육의 프레임에서 벗어나지 못하신 겁니다.

맞습니다. 프레임입니다. 지배자와 기득권 세력이 자신들의 권력을 공고히 하기 위해 만든 프레임. 그 프레임 때문에 '인민'이라는 단어가 불편한 겁니다. 어제 토론에 참여하셨던 멤버 한 분이 이런 말씀을 하시더군요.

'그동안은 내게 편안하고 즐거움을 주는 책만 찾아 읽었다. 그런데 이런 책을 읽으면서 불편함도 느꼈지만 새롭게 사고가 확장되는 것 같아 좋았다.'

불편함과 마주할 용기가 필요합니다. 그때 한 단계 더 전진하는 사고의 확장이 일어납니다. 좋아하는 음식만 먹으면 건강에 불균형이 오듯이 책도 마찬가지입니다. 기독교인인 제가 성경과 더불어 『만들어진 신』, 『성경 왜곡의 역사』 등의 책을 읽는 이유입니다. 균형 잡힌 지적 건강을 위해서라도 불편한 책을 접하시기를 권합니다.

오늘도 책을 통해 기적을 경험하세요. 아자!!!

134 사는 대로 생각하기, 생각하는 대로 살기

우리는 사는 대로 생각하기 십상입니다. 환경에 의해서 지배되며, 지배된 상황에서 쉽게 벗어나지 못합니다. 그리고 그 상황을 내가 변하지 못하는 데에 대한 변명으로 사용합니다. 그래야 쉽습니다. 책임을 상황 탓으로 돌리고 자위합니다. '그래 어쩔 수 없었어'라고 말이죠.

숱한 변명이 앞을 막습니다. 부자로 태어나지 못해서, 약해서, 안 해본 거라서, 어려워서, 상사가 시켜서, 내 힘으로 어쩔 수 없어서, 돈이 없어서, 먹고 살아야 해서, 여자라서, 남자라서, 시간이 없어서, 못 배워서, 아파서, 힘이 없어서, 남들 시선이 두려워서…

사는 대로 생각하는 건 자기 합리화입니다. 그래야 편합니다. 이미 벌어진 상황에 자신을 꿰맞추기만 하면 되니까요. 저도 그랬습니다. 처한 상황을 깨부수고 극복하기보다는 순응하고 거기에 맞춰 사는 방법을 선택했습니다.

회사의 일개 조직원밖에 안 되는 내가 뭘 할 수 있겠냐는 핑계를 앞세웠습니다. '주인 의식으로 회사 일을 해라? 내가 주인도 아닌데 주인 의식을 갖는다고? 그런 건 개나 줘버려! 그냥 회사가 시키는 대로 일하고 월급 받아서 먹고사는 데 지장만 없으면 되지!' 딱 이 정도의 생각으로 회사 생활을 했던 것 같습니다.

지금도 별반 다르지 않습니다. 몸이 좀 피곤하면 쉰다는 핑계로 TV를 켭니다. 금주를 결심했지만 오늘 같은 날은 좀 마셔줘야 한다는 명분을 앞세워 취하고 맙니다. 스스로 많이 변하고 발전했다고 생각하는데도 상황에 굴복하고 순응하려는 마음은 쉽게 가시지 않습니다.

생각하는 대로 살기가 쉽지 않습니다. 어떻게 하면 생각하는 대로 살 수 있을까요? 생각하는 대로 살기 위해서는 무엇보다 내가 주체가 되어야 합니다. 생각의 주체가 되어야 한다는 거죠.

저는 좋지 않은 상황이 저를 지배하려 할 때면 조그마한 생각이라도 긍정적으로 바꾸려고 노력합니다. 억지로라도 내 생각을 바꾸고 나면 정말 상황이 변하기 시작합니다. 그때부터 상황은 제가 만드는 겁니다. 상황에 끌려다니는 것보다 내가 상황을 이끌어가는 편이 훨씬 즐거우니까요. 오늘을 시작하기 전 먼저 저에게 주문을 겁니다. '생각하는 대로 살자!'라고. 여러분도 주문을 걸어보세요.

오늘도 책을 통해 기적을 경험하세요. 아자!!!

135 진짜 공감이란

선물 받은 책『베로니카, 죽기로 결심하다』에 이런 내용이 있습니다.

사람들은 다른 사람에게 일어난 끔찍한 일에 관해 들을 때는 당장 달려가 돕고 싶다는 듯이 걱정하는 표정을 짓지만, 실제로는 그래도 삶이 나에게는 관대했다고 믿으며 타인의 고통을 즐긴다는 겁니다.

부산에 내려와 정말 오랜만에 선배를 만나 식사를 했습니다. 과거 직장 선배였죠. 그의 영업 능력은 탁월했습니다. 직접 영업하는 조직에서 그는 승승장구했습니다. 상사들에게 인정도 받았었죠. 임원이 될 거라는 기대도 컸습니다. 하지만 조직의 정치 논리에 밀려 결국 퇴직을 했었죠. 퇴직 후에는 본인의 고향인 부산에 혼자 내려와 직장에서 했던 것과 같은 영업을 하며 지냈습니다. 퇴직했어도 워낙 덕망이 있던 분이라 후배들과 관계도 잘 맺고 영업도 잘하신다는 소문만 듣고 있었습니다. 거의 6년 만에 만났습니다. 외모는 크게 변하지 않으셨더라고요. 다행이다 생각했습니다. 식사하면서 이런저런 이야기를 하는데 선배가 그러더군요. 우울증이 왔었다는 거예요.

혼자 떨어져 생활하면서 일을 하기는 하지만 특별히 즐거울 것 없는 생활이 반복되다 보니 자신도 모르게 불면증에 시달리고, 그래서 저녁에는 약간의 술과 TV의 힘을 빌려 시간을 보낸다고 하셨습니다. 지금은 형수님이 내려오셔서 많이 좋아지기는 했지만 그래도 아직 불면증이 좀 남아 있다고 하시더라고요.

그러시구나! 안타까운 마음에 이런저런 이야기를 했습니다. 그런데 이런 이야기를 하는 제 내면에 '아 나는 그래도 다행이다'라는 생각이 있었어요. 책을 읽다가 위의 내용을 발견하고는 제 이기심을 보게 되었습니다. 과연 내가 그날 선배님의 말에 진정으로 공감하고 아파했었나 돌아보게 되었습니다. 정혜신 박사가 『당신은 옳다』에서 '충조평판(충고, 조언, 평가, 판단)' 하지 말라고 했는데 저도 모르게 그렇게 하고 있지는 않았나 생각하니 가슴이 뜨끔했습니다.

남의 불행이 곧 내 행복까지는 아니더라도 나보다 더 못하다고 생각되는 사람들을 보며 위안받고 만족을 얻는 경우가 많습니다. 인간에게 내재된 이기심 때문이겠죠. 진짜 공감하는 것은 그 순간 나를 없애는 일일지도 모릅니다.

나를 앞세워 상대방의 이야기를 듣는 건 내가 듣고 싶은 이야기를 듣는 것이지 온전히 상대방의 이야기를 듣는 것은 아닙니다. 자꾸 튀어나오는 내 이야기를 접는 연습을 해야 합니다. 온전히 듣기 위해서 말이죠. 온전히 듣는 것이 진짜 공감하는 것입니다.

뭔가 판단하고 평가하려는 마음에 앞서 상대방의 마음을 보듬어주는 것, 있는 그대로를 받아들이며 이해하는 것이 진짜 공감하는 겁니다. 내가 가지고 있는 많은 것들을 버리고 들을 때 비로소 들리는 것 같습니다. 저도 많이 버려야겠습니다.

오늘도 책을 통해 기적을 경험하세요. 아자!!!

136 베로니카와 함께 어디로 가시나요?

지난 금요일, 제주에서 사무실로 사용할 집의 계약을 마치고 길을 나서는데 기존 세입자의 후배가 저에게 물었습니다. “베로니카와 함께 이제 어디로 가시나요?” 제 손에 들려 있던 책이 『베로니카, 죽기로 결심하다』였거든요. 이제 숙소로 간다고 말했습니다. 그때는 별생각 없이 답을 했는데 책을 읽을수록 그 질문이 떠올랐습니다.

“베로니카와 함께 어디로 가시나요?” 질문을 곰곰이 생각해 보았습니다. 이 책을 다 읽었던 그녀는 저에게 행선지를 묻는 것이 아닐 수도 있었습니다. 그녀는 자유로운 영혼처럼 느껴졌습니다. 한 달 전 제주의 이 집을 처음 소개받을 때도 머물고 있었는데 이번에도 있기에 물었습니다. 계속 여기 있었냐고. 그랬더니 육지에 나갔다가 다시 왔다고 하더군요. 무슨 일을 하는지, 학생인지, 직장인인지 묻지 않았습니다. 특정한 틀에 가두어 생각하고 싶지 않더라고요.

책을 다 읽고 나서야 그 자유로운 영혼이 제게 던진 질문의 뜻을 알 수 있었습니다. “당신은 당신의 모험을 잘하고 있느냐? 가고자 하는 길, 가고 싶은 길을 잘 가고 있느냐?”라고 묻는 것이었습니다. 제가 보기에 그녀는 자신만의 길을 가는 것 같았어요. 규범과 관습에 얽매이지 않고 자신이 원하는 대로 가는 길을요. 속으로 감당해야 하는 치열한 고민까지는 알 수 없으나 최소한 겉으로 보기엔 자신의 모험을 발견하고 즐기는 것 같았습니다.

『베로니카, 죽기로 결심하다』에서 저에게 묻고 있는 부분도 바로 그것이었습니다. 모범적인 삶의 교본들을 따르지 말고 자신의 삶을, 자신의 욕망을, 자신의 모험을 발견하라고, 살라고 말합니다. 무기력증에 빠져 자살을 감행하고, 살아남아 정신병원에 입원한 후, 자신의 삶이 얼마 남지 않았다는 선고를 받고 나서야 자신의 욕망을 끝까지 밀어붙이며 최고의 사랑을 찾은 베로니카처럼 욕망을 감추지 말라고 합니다. '내 삶이 영원하다고 믿었을 때 항상 나중으로 미루어왔던 것들'을 지금 하라고 말합니다. 자신의 생이 24시간밖에 남지 않았다고 (사실은 그렇지 않지만) 믿고 있는 베로니카가 매일 새롭게 생겨나는 24시간을 기적으로 여기는 것처럼 살라고 합니다.

반드시 다가오는 죽음이 멀리 있다고 생각하기에 오늘의 소중함을 잊고 삽니다. 우리는 오늘 새로운 24시간을 선물 받았습니다. 기적을 선물 받은 겁니다. 이 세상 어느 누군가는 오늘을 맞이하지 못했기 때문입니다. 기적처럼 찾아온 오늘을 어떻게 보내실 건가요?

오늘도 책을 통해 기적을 경험하세요. 아자!!!

137 행복은 존재하지 않는다

고타마 붓다가 6년 고행 끝에 니란자나강가의 보리수 아래서 깨달은 첫 번째 진리는 '인간의 삶은 행복의 부재'라는 것이고, 두 번째 진리는 '세상에는 행복이 존재하지 않음을 깨닫고, 행복을 원하는 그 마음을 내려놓으라'는 것이었습니다. 다시 읽고 있는 『술 취한 코끼리 길들이기』에 나오는 내용입니다.

이 부분을 가지고 제가 독서토론 멤버들에게 질문했습니다. '행복은 있는 걸까요? 없는 걸까요?' 이 질문에 대한 답변들입니다.

A: 행복이 있다. 나는 가정에서 행복을 느낀다. 내가 일하는 일터, 지금 이 장소 등 곳곳에 행복이 있다.

B: 행복이 있다. 오늘 독서토론을 처음 해보는데 떨리긴 하지만 재미있고 설렌다. 이게 행복이다.

C: 행복이 있다. 책을 읽는 시간도, 함께 나누는 시간도 행복하다.

D: 행복이 있다. 있으니까 행복을 자각하는 것이다. 거창한 걸 바라는 것이 아니라 소소한 것에서 행복을 느낀다.

E: 행복이 있기도 하고 없기도 하다. 행복이 있다고 정의하면 행복이 없

기도 하다는 것을 반증한다. 그럼 '행복이 있다'와 '행복하다'의 차이는 무엇인가?

행복이 있다는 쪽의 의견이 압도적이었습니다. 모두 지금의 상황에서 행복을 느낀다고 했습니다. 행복을 욕망의 주체로 놓지 않았습니다. 행복을 원하는 마음을 내려놓으면 그것이 곧 진정한 행복에 이르는 길이라는 아잔 브라흐마의 말과 크게 다를 바 없는 생각들이었습니다.

이것이 '행복이 있다'와 '행복하다'의 차이인지도 모르겠습니다. 행복을 추구하기 위한 욕심이 욕망입니다. 욕망을 내려놓고 지금에 집중할 때 행복이 함께한다는 모순 같은 진리를 언제쯤 깨닫게 될까요? 어느 수준까지 욕망을 내려놓아야 행복에 이르게 될까요?

어제 점심때 오로지 그 순간에 자신의 온 존재를 바치라는 말이 떠올라 음식 하나하나의 맛을 음미하면서 천천히 식사했습니다. 그랬더니 그동안 느끼지 못했던 밥과 고등어와 김치조림의 맛이 하나씩 느껴지더군요.

허겁지겁 밥과 반찬을 먹던 때와는 확연히 다른 맛을 느낄 수 있었습니다. 허겁지겁 먹을 때는 이 반찬을 먹으면서 다른 반찬을 젓가락으로 들고 있기도 하고 반찬을 먹으면서 바로 찌개를 떠먹기도 해서 개별 음식의 맛을 음미하지는 못했거든요.

행복도 이와 같지 않을까라는 생각을 했습니다. 내 손에 움켜쥔 것을 충분히 느끼지도 못하고 더 채우기 위해 다른 무언가를 찾아 두리번거리는 것은 행복이 아닙니다. 내가 쥔 것에 온전히 만족하고 느끼며 음미할 때 행복은 나와 함께하지 않을까요? 오늘 식사도 저의 온 존재를 바쳐서 해야겠어요. 아주 행복하게 말입니다.

오늘도 책을 통해 기적을 경험하세요. 아자!!!

138 100%를 주는 거야

'위대하고 엄청난 성공에 이르는 5가지 법칙'.

『기버 1』이라는 책의 소제목입니다. 이 책에서 이야기하는 5가지의 법칙을 한마디로 정의하면 바로 이겁니다.

그냥 주라!

100%를 주면 성공이 내게 온다는 겁니다. 책을 읽는 내내 고개를 주억거리기는 했는데 마음 깊이 공감하지는 못했습니다. 정말 주기만 하면 성공에 이르는 걸까요? 많은 가치를 제공하고, 많은 사람에게 도움이 되며, 타인의 이익을 우선하여 기꺼이 주는 행동들이 성공의 법칙인가요? 이론적으로는 알겠습니다. 그런데 현실적으로는 가능한 건가요?

타인을 위해 많은 가치를 제공하고 그들의 이익을 우선하면 성공 가능성이 높아지겠죠. 하지만 전제가 내 이익을 고려하지 않고 100% 주라는 것이면 상황이 달라집니다. 아무런 이익도 바라지 않고 순수하게 100%를 줄 수 있다고요? 그러면 성공한다고요?

성공을 바라는 마음으로 100%를 준다면 이건 순수한 마음인가요? 모르겠습니다. 제가 순수하지 않아서겠죠. 아이러니한 것은 상대방에게 뭔가를 주려는 마음이 생길 때 더 기쁘다는 겁니다. 대가를 바라지 않고 줄 때 더 행복하다는 겁니다. 이것이 성공으로 가는 발판이 되는지 아닌지는 모르겠어요.

성공을 염두에 두지 않고 즐겁게 할 수 있다면 그 또한 충분하다는 생각은 있습니다. 생각해 봤어요. 나는 얼마나 주고 있는가? 주는 마음은 순수했는가?

이 책에서 이야기하는 성공 법칙 중 네 번째 법칙이 '진실성의 법칙'입니다.

당신이 다른 사람에게 줄 수 있는 가장 소중한 선물은 당신 자신이다.

가장 필요한 법칙이 바로 이것이라고 생각했습니다. 나를 100% 보여줄 수 있어야 100% 줄 수 있습니다. 내면의 솔직한 마음을 외면으로 표출할 때 순수해질 수 있습니다. 다 줄 수 있는 거죠. 바보처럼 보일 수 있다거나, 이용당할지도 모른다는 불안함이 있을 수 있습니다. 하지만 거기에 흔들리지 않을 방법이 있습니다. 나를 100% 사랑하는 겁니다.

나를 100% 보여줄 수 있는 사람은 진정 나를 사랑하는 사람입니다. 그래서 주변의 어떤 이야기에도 흔들리지 않는 굳건함이 있는 거죠. 다 줄 수 있는 자신감의 원천이 바로 자신을 사랑하는 마음입니다. 100% 나를 사랑하십시오. 그럼 100% 줄 수 있습니다.

오늘도 책을 통해 기적을 경험하세요. 아자!!!

제가 아침마다 '공선생의 굿모닝 북모닝'을 쓰면서 맨 마지막에 즐겨 쓰는 문장이 있었습니다. '오늘도 책을 통해 기적을 경험하세요. 아자!!!'입니다. 저는 책을 통해 기적을 경험했습니다. 책이라는 매개체를 통해 자신을 발견해 가는 여행을 할 수 있었습니다. 책을 쓰고 출판하는 경험도 했습니다. 사업을 하고 무엇에든 도전하는 용기도 얻었습니다. 매일 작은 성공과 실패를 반복하지만 실패에 굴하지 않고 극복하는 정신도 갖추게 되었습니다. 전혀 예상치도 못했던 이 자리까지 나를 이끈 것도 책입니다. 이 모든 것이 저에게는 기적입니다.

제게 다가온 이 행운을, 이 기적을 함께 나누고 싶었습니다. 그래서 매일 글을 썼고 문장의 말미에 '오늘도 책을 통해 기적을 경험하세요' 라는 말을 붙였습니다. 진심으로 기적을 경험하시길 바라는 마음에서 그랬습니다. 이 책을 통해서 또는 다른 책을 통해서라도 작은 기적들을 경험하시는 분들이 많아졌으면 좋겠습니다.